老いる前の整理はじめます！

監修
特定非営利活動法人
コンシューマーズ京都

編著
西山尚幸・川口啓子
奥谷和隆・横尾将臣

暮らしと「物」の
リアルフォトブック

Consumers Kyoto

Takayuki Nishiyama
Keiko Kawaguchi
Kazutaka Okutani
Masatomi Yokoo

クリエイツかもがわ
CREATES KAMOGAWA

まえがき

「エンディングノート」にはじまり〝終活〟という考え方が市民権を得て定着してきました。いまや30代、40代の世帯を中心にして〝整理〟〝お片づけ〟〝捨てる〟は一大ムーブメントとなっており、書店には「これさえ読めば我家もすっきりまちがいなし」とうたった書籍が並んでいます。

〝捨てる〟ブームは言いかえれば昭和から平成にかけての大量生産・大量消費のなかであまりにも多くの物が家中にあふれ、処理しきれなくなった残物の行く末として必然のことのようにも思えます。

はじまりは2016年の秋。コンシューマーズ京都は「終活研究会」を立ち上げ、京都市ごみ減量推進会議の助成を受けて「2Rで老いる前の物の整理を」というフォーラムを開催し、好評を博しました。「老いる前の物の整理」は同様の意味を成す4文字熟語が商標登録されていて使えなかったため絞り出した言葉でしたが、参加者にはその意図がよく伝わったようでした。

終活研究会はその後も「老いる前の物の整理」や「遺品整理」に関して議論してきました。

物が散らかった家でも本人が落ち着いて暮らせるなら（健康を害したり、ご近所に迷惑をかけたりしない限りは）よいのではないか？　もって生まれた能力として努力では改善できない整理下手の人はダメ人間なのか？

さまざまな疑問に直面しながら、整理してこそ、片づけてこそ、捨ててこそ良い暮らしができるという先入観を捨てて、さまざまな角度から冷静に議論を進め、現場レポートを分析してきました。

そして、「物が捨てられない」「物をため込んでしまう」という行為は年齢だけの問題ではない、すなわち終活という狭義にとらえるのではなく、老いる前の「すべての年代」の消費者が直面する課題としての目線をもとうということにあらためて気づいたのです。

国が発表した世帯数についての推計では、2040年にひとり暮らしをする65歳以上の高齢者が900万人近くになるとしています。「高齢者の暮らしはまだ縁遠いわ」と思っている30代、40代のみなさまが直面する将来図です。家の整理は個人の趣味嗜好ではなく、福祉政策の範疇にまでも及ぶ大切な課題となるのはまちがいありません。今からそのときを見据えた準備が必要なのです。

このたび、終活研究会の興味関心と、既存の整理ブームにはない視点をもとうという向上心から、じっくり丁寧に作業を進めて1冊の本になりました。手にしていただいたみなさまの明日のお役に立てることができたら本望です。

2019年6月20日

執筆者一同

CONTENTS

超高齢社会の基礎知識

memory 1

「歳をとる」とは、おそらく今より衰えること

銭湯に行くのがあたりまえだったころ、私たちはいろいろな裸を見て育ちました。ゴム毬のような赤ちゃん、子どもたちの日焼けした肌、そして高齢者。姿形や肌の具合から、歳をとるとはどういうことなのか、何となくイメージがありました。

銭湯を使わなくなった今、歳をとること――とりわけ身体のイメージは乏しくなったのではないでしょうか。

高齢者はどんどん増えています。誰もが歳をとります。身体の衰えを自覚しましょう。

人生100年時代の幕開けです。

1 私たちの平均余命

私たち日本人の平均寿命は、男性81・09歳、女性87・26歳になりました。平均寿命とは、0歳の赤ちゃんがあと何年生きるかという平均余命のことです。すでに数十年の人生を過ごしてきた人たちの平均余命は図1－1の通り。たとえば、現在70歳の男性なら、あと15年。女性なら、あと20年の人生があります。いわゆる平均寿命よりも長生きするのです。

２０１８年現在、１００歳を超える高齢者は、日本に約６万９７８５人。いよいよ、人生１００年を前提にした生き方を考えなければならなくなりました。

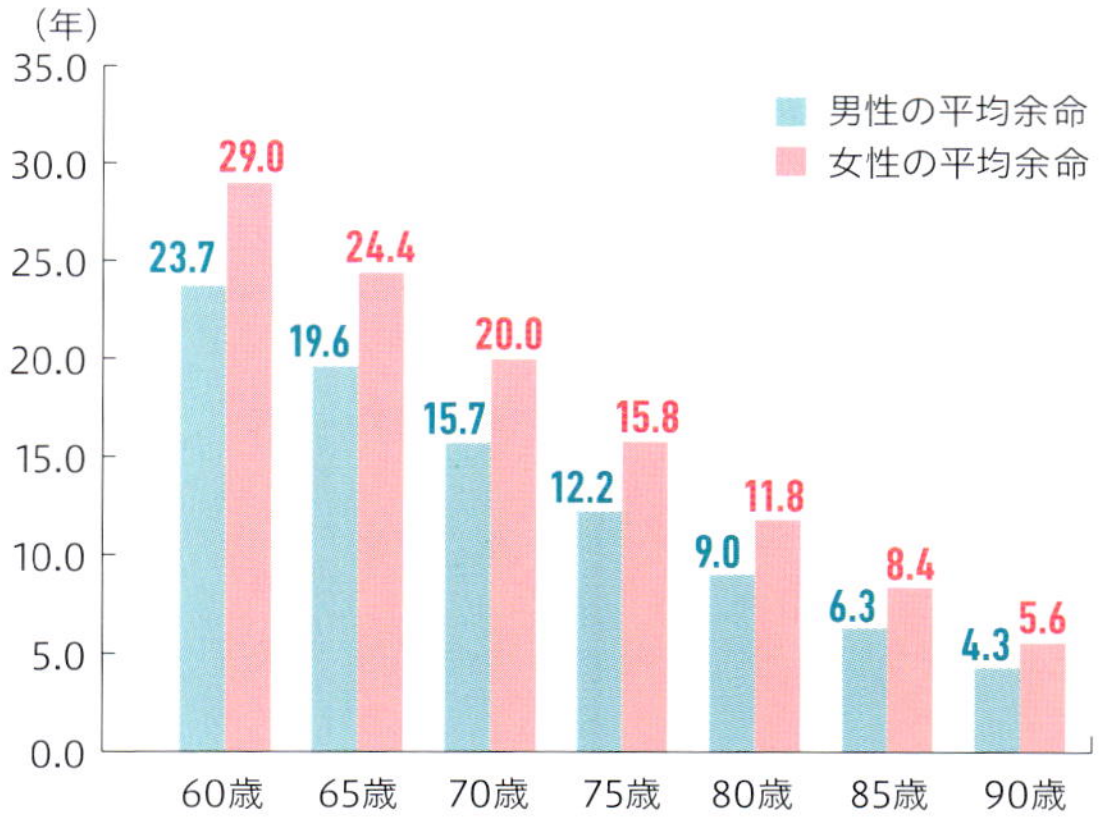

図1-1）主な年齢の平均余命（60歳～5歳きざみ）
出所：厚生労働省「平成29年簡易生命表」

2 「歳をとる」ということ

ところで、「歳をとる」とはどういうことでしょう。

白髪はいつごろから目立つようになりましたか。ほうれい線も目立ってきました。目のかすみも気になります。ちょっと遠出がしんどくなったり、階段の上り下りがきつくなったり、冷蔵庫をのぞいては「また、同じドレッシング買っちゃったわ」など、「そろそろ、歳やなあ」と感じることは多々あるかと思います。

内祝いの茶器をちょいと戸棚の上に置き、香典返しのタオルを納戸の奥へ、おみやげの海苔も佃煮も気づけば賞味期限をとうに過ぎ…。こうして、忘れられる運命にある「物」が少しずつ増えていきます。

「歳をとる」と聞くと、足腰や視力、聴力などに意識が向きますが、こうした日常生活の管理能力、処理能力も少しずつ衰えます。それでも、日常生活には不

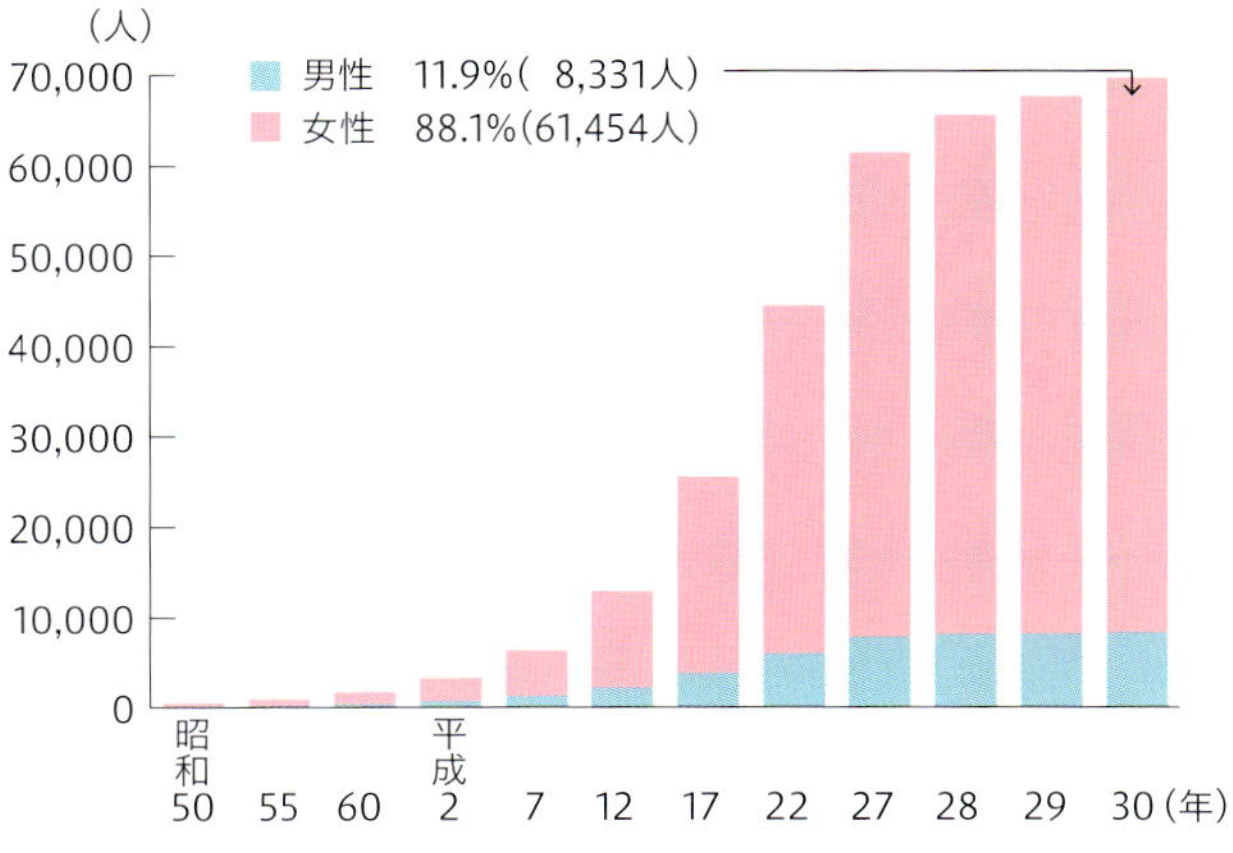

図1-2）100歳以上の高齢者は6万9,785人
出所：厚生労働省（平成30年9月1日の住民基本台帳による）

自由しませんし、昔と変わらず仕事を続けることも可能です。「そろそろ、歳やなあ」の生活が定着して数年、数十年。気づけば、家中「物」だらけ。そしてどこに何があるかわからない、買っておいたはずの「物」が探せない、同じ「物」がたくさんある、天袋もつり戸棚もここ数年開けてない…という状態を迎えてしまいます。

つまり、自分の「衰えに気づく力」も衰える――「歳をとる」とはそういうことなのです。

3 健康寿命は長くない

そこで、老いる前に「物」の整理です。定年前後の60歳代の方から、「75歳になったら片づけをはじめよう」という声をよく聞きます。75歳は、いわゆる後期高齢者です。果たして、75歳からの「物」の整理で大丈夫でしょうか。

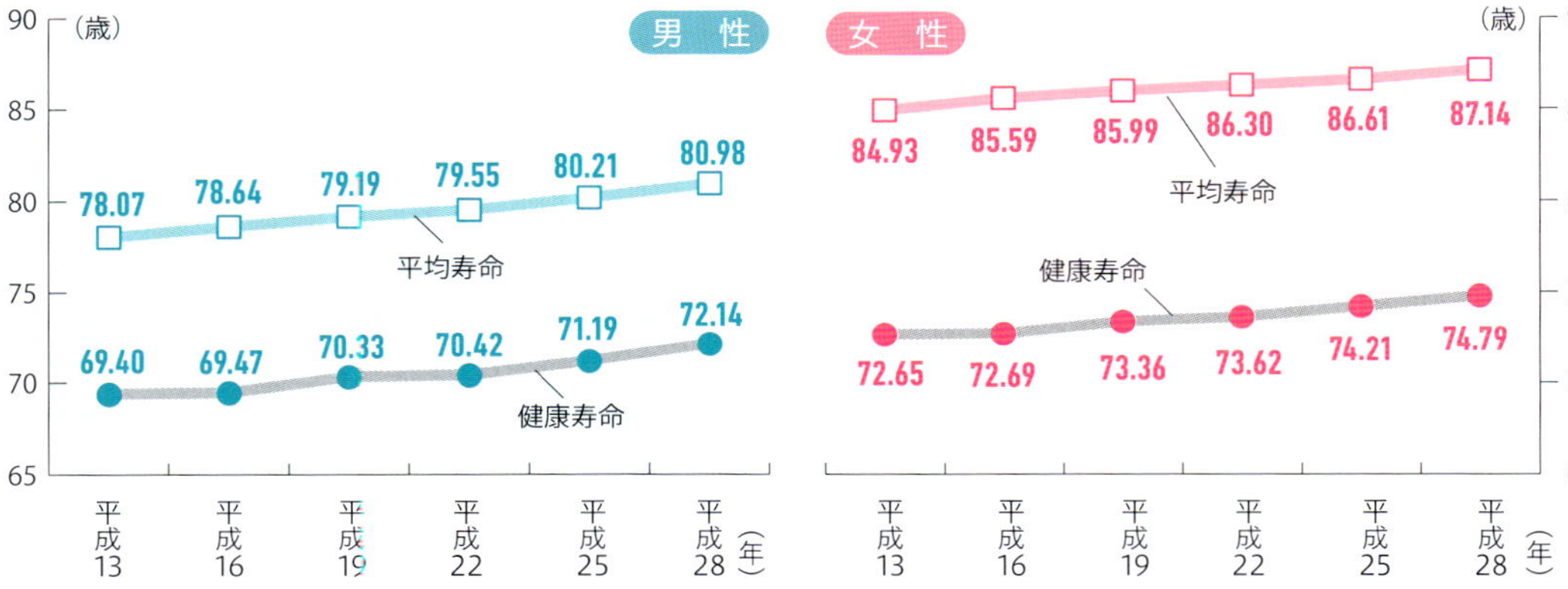

図1-3）平均寿命と健康寿命

出所：内閣府「平成30年版高齢社会白書」

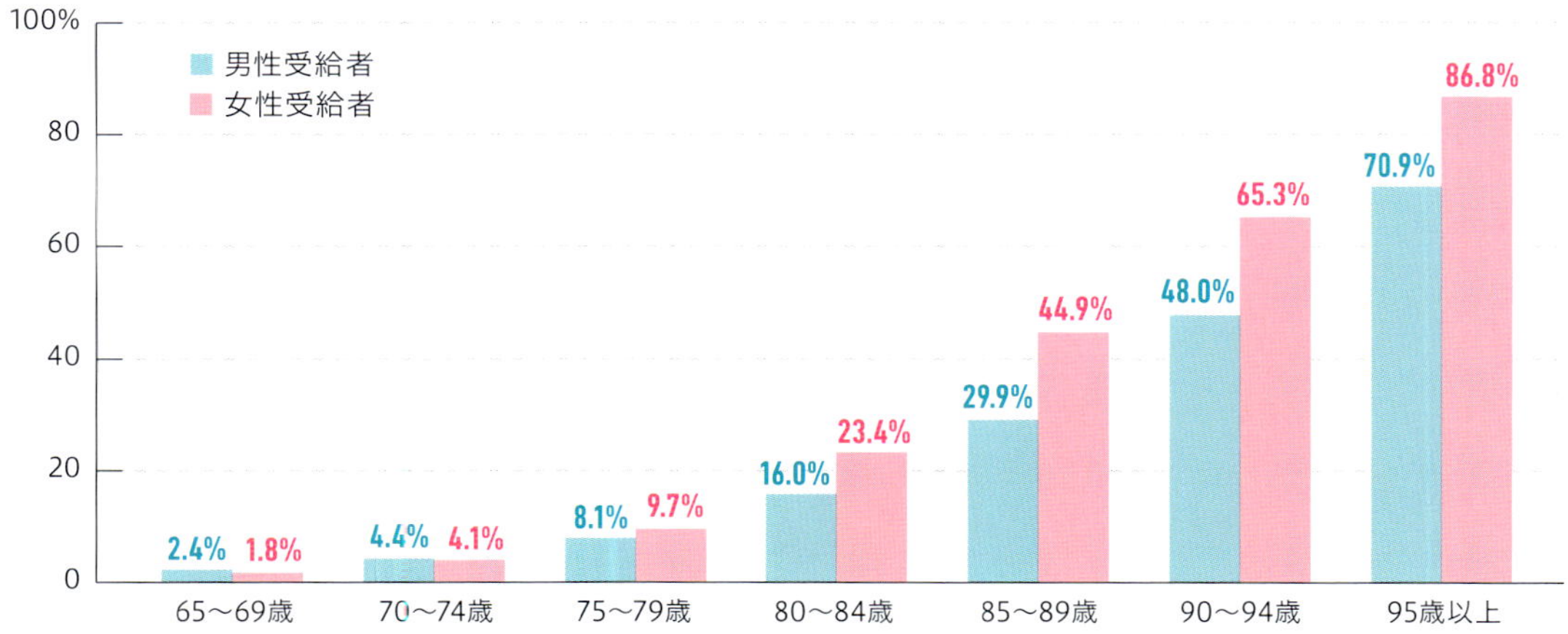

図1-4）年齢別介護保険受給者割合

出所：厚生労働省「平成29年度介護給付費等実態調査」

2016年の健康寿命は、男性72・14歳、女性74・79歳。75歳に到達していません。つまり、75歳に到達したとき、自分が元気に暮らしているとは限らないのです。60歳代の体力で将来を想定してはいけません。

健康寿命は、少しずつ延びています。ですが、平均寿命も少しずつ延びています。図1-3のように、健康寿命と平均寿命の差は、男性が約9年、女性は約12年を示し、これ以降もほぼ同じ年数で推移しています。この期間にフレイル（虚弱。18頁参照）という状態になる方も多いと言われます。そのような身体の状況で「物」の整理をすると思わぬ事故にもつながりかねません。

さらに、予期せぬ病気や認知症の進行、入院、ケガ、事故や災害などが加わると、後期高齢者ほど要支援・要介護サービスを受ける人の割合が増えていきます（図1-4）。

85歳を超えると多くの人々が何らかの支援なしでは生活できなくなっています。

もちろん、支援を受けていなくても若者並みではありません。相応に歳をとった高齢者ですから、多くの「物」を整理するのは並大抵のことではないのです。ゴミに出したくても、誰かにあげたくても、売りたくても、そうした行為に踏み出すこと自体がむずかしくなってきます。

80歳を過ぎると、たとえ要支援・要介護ではなくても、朝起きて、整容、食事、排せつ、居室の掃除や衣類の洗濯、炊事、あと片づけ、入浴から夜寝るまで、自分自身の日課をこなすだけで精いっぱいになります。

4 私が暮らしの主人公

さて、「物」の整理とは、捨てるとか、処分するとか、単純に量を減らすことだけが目的ではありません。

元気なうちに、遅くとも75歳までには、少ない「物」――自分自身で管理できる量・質の「物」で暮らす生活習慣を身につけておく――それを目的にした整理です。そうして、自分自身が暮らしをマネジメントする主役になります。このことが、健康寿命の維持、認知症予防などのセルフケアにもつながるのです。

「物」が多すぎるとどうでしょう。必要な「物」に手が届かない、「物」につまずいて骨折・寝たきり。

そうなると介護も大変です。「物」がいっぱいで手すりがつけられない、車イスが通らない、介護ベッドが入らない。家族が手助けしようにも、窓が開かない、洗濯物が干せない、掃除しにくい、どれがゴミだかわからない。「このお肉、いつ買ったの？」「お醤油、どこ？」というような状態は、介護をとてもやりにくくします。

やがて、息子や娘の足も遠のき、孫も遊びに来なくなり、ご近所とも疎遠になり、自分でも自覚のないままセルフネグレクトという状態になっているかもしれません。

介護保険豆知識

介護保険の保険証って？

介護保険の保険料は40歳から支払いますが、保険証は65歳になって市町村から送られてきます。要支援・要介護の認定を受ける際に必要ですから、大切に保管しましょう。ちなみに、40歳から64歳の方は、特定疾病を原因として要支援・要介護の認定を受けたときに保険証が交付されます。

「介護が必要かな」と思ったら

「介護が必要かな」と思ったら、市町村の窓口や地域包括支援センターに相談します。それが第一歩。近くの特別養護老人ホームや介護事業所、社会福祉協議会、病院などでも相談窓口があります。相談から認定までは、いくつかの手続きや介護認定調査員の来訪を受け、結果は約一か月後。この間も、先の相談相手にいろいろと尋ねましょう。ひとり暮らしの方など、事務手続きの代行も可能です。認定が下りる前にサービスを受けていても、さかのぼって介護保険の対象になります。

要支援・要介護の認定って？

要支援・要介護の認定は、７段階。要支援１、要支援２は比較的軽度で介護予防の対象です。要介護は１から５の５段階で、５が最も重度です。この認定度合いによって、受けることが可能なサービスの量と種類が異なります。たとえば、特別養護老人ホームへの入所は、要介護３以上が対象。誰でも入所できるわけではありません。どんなサービスをどれくらい受けられるか、ケアマネジャーと相談しながら、納得いくケアプランにしていきましょう。

早めの支援、早めの介護で健康に

「ギリギリまでがんばる」「夫婦一緒だから大丈夫」「他人の世話にはなりたくない」などと言わずに、介護保険を上手に利用しましょう。介護保険は、「自分らしく生きる」を支える自立支援の制度です。ギリギリまでがんばって重度化を招くより、早めに使って健康寿命を延ばしましょう。介護保険の一部負担も少なくてすむかもしれません。

5 介護に備えるシンプルライフ

遅くとも75歳まではシンプルライフを実現しましょう。私たちは暮らし方をいきなり変えることはできません。60歳代の早いうちから「物」の整理をはじめて、自分自身で「物」を管理できるようになりましょう。たとえ要介護になったとしても、そこには介護しやすい生活空間が創られていることでしょう。

ところで、介護を受けることを「他人《ひと》様《さま》のお世話になる」「迷惑をかける」という人がいます。それが転じて、「他人様の世話にはなりたくない」「家族に迷惑かけたくない」「ギリギリまで一人でがんばる」という考えがあたりまえのように言われます。

ですが、それは違います。病気の早期発見・早期治療が望ましいように、介護も早期にサービスを受けましょう。より重度な要介護状態を招かない、つまり、自立した暮らしを継続するためです。適切な支援を受けて最期まで自分らしく生きる――この権利を支える制度が、介護保険なのです。ちょっと援助がほしいなと思ったら、迷わず居住地の自治体や地域包括支援センターに相談してください。たとえ、見守りだけであっても早めの小さな援助を暮らしに取り入れましょう。「いよいよとなってから」では、かえって大変な事態を招いてしまいます。

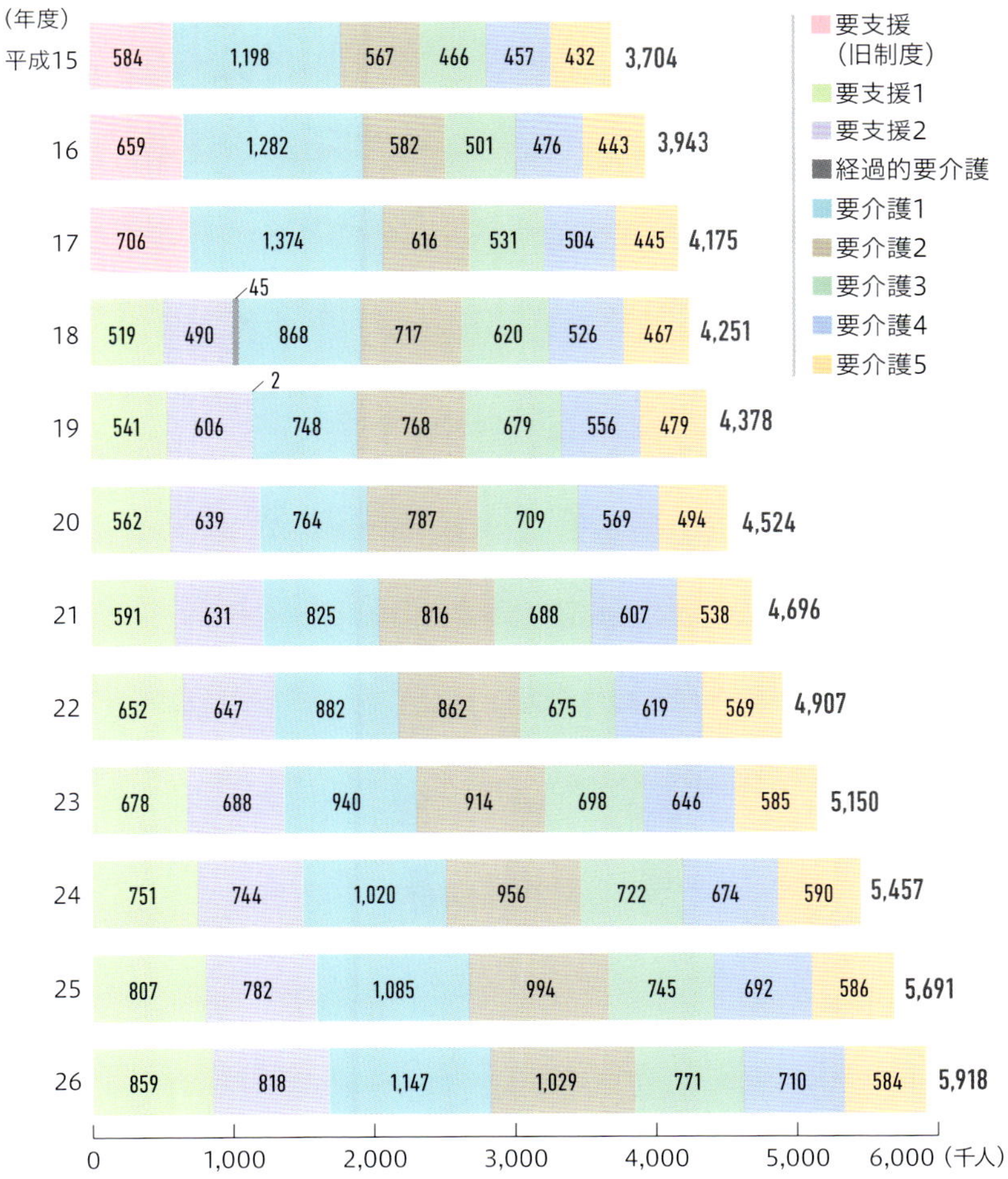

図1-5) 65歳以上の要介護度別認定者数の推移

出所:内閣府「平成30年版高齢社会白書」

memory 2

高齢者と高度経済成長

缶コーヒーのコマーシャルにこんなフレーズがあります。

「世界は誰かの仕事でできている」

使い捨てのティッシュも、雨ざらしの洗濯バサミも、電車のつり革も、お弁当の卵焼きも、注意書きの看板も、小さな釘も、お菓子のパッケージも、私たちは誰かがつくった数えきれない「物」によって暮らしを支えてもらっています。「物」を粗末に考えてはいけません。

ここでは、「物」に感謝しながら「物」とのつきあい方を考えてみたいと思います。

「物」の購入で暮らしがつくられていった

1 「物」のない暮らしが一変

2019年現在80歳の方は、1939年（昭和14年）生まれです。すでに日中戦争がはじまり、1941年には太平洋戦争に突入――そういう社会背景のもとで幼少期を過ごしてきました。教科書や衣類は「おさがり」があたりまえ、金属は軍に拠出し、食べ物は不足し、男たちは戦地へ赴き…。「贅沢は敵だ」「欲しがりません、勝つまでは」と言われた時代を生きてきた世代です。

1945年、敗戦とともにさらにひもじい時代を迎えました。生活物資の深刻な不足。何より食べ物がありません。辛うじて戦禍を免れた「物」は、食糧と交換し得る貴重な「物」でした。「物が余る」「物を捨てる」など、まったく無縁の暮らしです。「もったいない」が骨身に染みた――80歳代はそんな高齢者です。

彼らが30歳代、40歳代のころ、日本は高度経済成長の時代を迎えていました。生活物資が、それまでとは大きく変わっていきました。三種の神器（白黒テレビ・冷蔵庫・洗濯機）が必需品になり、やっとそろえたと思ったら、新三種の神器（カラーテレビ、クーラー、自動車）が登場。みんながそれを持ち、「我が家もみんなに遅れまい」と、次々と発売される家電製品をそろえていきます。ほかにも家具、文具、書籍、衣類、食品など、多様な生活物資が暮らしを彩りはじめました。

高度経済成長期は、こうして「物」の購入で暮らしを構成するという社会環境を形成してきました。言いかえれば、「○○がないと不便」になる暮らしを強いられるようになったのです。

安く、たくさん、質より量…。「大きいことはいいことだ」と歌うチョコレートのコマーシャルがテレビから流れていました。「一億総中流」社会と言われたのもこのころです。

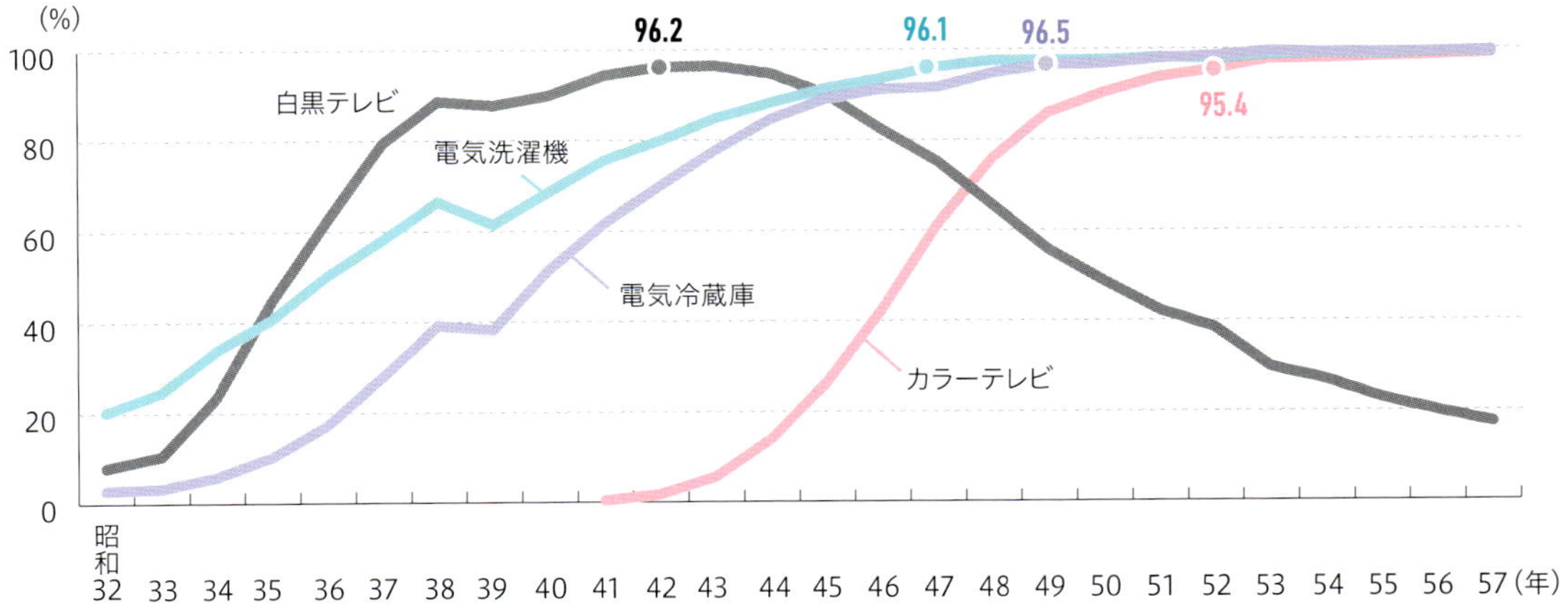

図）主要耐久消費財の普及率（全世帯）

出所：「内閣府消費動向調査」より主要耐久消費財の普及率（2004年3月）

定年退職を機に住宅をリフォームしたご夫婦。収納を増やしました。
結果、納戸には子どもたちの残していった漫画の本。キッチン収納にはエコバックや保存食。布団やプラスチックケースを置いたままの書斎は倉庫と化してしまいました。

2 「物」のやりとりと「もったいない」

さらに、昔から続くお中元、お歳暮、引き出物、内祝い、香典返しなど、「物」のやりとりは徐々に膨らんでいきました。大きな家、収納家具、ロフト、屋根裏、広い庭…と「物」の居場所が増え、「物」についていた箱、缶、紐、包装紙なども「もったいない」の対象としてしまい込みます。

定年を迎えると、「たっぷり収納」の家へと増改築。収納場所があればあるほど、「いつか使う」かもしれない「物」で占領されていきます。いつか一人になったとき、歳をとったとき、これらの「物」が暮らしの助けになるかもしれない…。戦前・戦中・戦後と、「物」の少ない時代を過ごしてきた高齢者にとっては当然の想いです。これらの「物」が、やがて自分の手に余り管理しきれなくなるなど、若いころに見通せなかったとし

ても仕方ありません。

ですが、「何かのときに使おう」と思っていたきれいな包装紙も、「何かのとき」という機会はなかなか訪れず、今のようなラッピングに比べると見劣りする包装紙となって出番を失いました。新品の電気「掛け毛布」もありますが、今は電気「敷き毛布」が主流です。製造から数十年を経た電気「掛け毛布」、安全性から考えても、おそらくこの先出番はめぐってこないでしょう。ほかにも、打ち直して使おうと思っていた布団や座布団、仕付け糸がついたままの訪問着、箱に入ったままの花器や大皿…。

こうして「いつか使う」を実現しようにも使う機会は訪れず、社会環境の変化によって処分せざるを得ない状況に追い込まれていきます。

3 高齢期に扱える「物」

歳をとればとるほど、扱える「物」の範囲は狭まります。

奥行きのある押し入れ、天袋やつり戸棚、ベランダの物置、背の高い家具。そのような場所にしまってある「物」を整理するのは、大変危険です。脚立を使うのも、家具を移動するのも、運び出すのも、転倒、骨折、寝たきり…につながるかもしれません。

こうしてしまい込まれた「物」は、もはや自分自身では管理しない、と区切りをつけてもいいのです。あとのことは残った人たちに任せましょう。現に今、そのなかの「物」をほとんど使わずに暮らしているのですから。

一方、日々の暮らしの空間――こちらは、使い慣れた「物」を使い続けることが重要です。

ある学生が、「料理好きなおばあちゃんに」と電子レンジを最新式の多機能レンジに買い替えました。ところが、「おばあちゃんが使った形跡がなくて…」と言います。高齢者にとって使い慣れない「物」は不安です。取り扱い説明書があると言われても、毎日の食事の支度にいちいち読むことはありません。こうして多機能レンジは使われないままキッチンに鎮座し、使い慣れた電子レンジはどこへやら。おばあちゃんがレンジを使って調理する機会はなくなりました。

使い方がわからない「物」に出会うと、時代についていけない「取り残され感」に襲われ、高齢者は自信をなくしていきます。お孫さんの善意は、不本意にもおばあちゃんの現存機能を奪ってしまうことになりました。

二層式洗濯機（※）を20年近く使っていた方がいました。高齢のご婦人です。彼女は、10年ほど前に全自動洗濯機に替えました。とても便利になったと喜んでいました。ところが、歳とともに少々身体が不自由になり、洗濯物を干すのが大変になってきました。そこで、「乾燥機があればね…」とお孫さんに話したところ、お孫さんが「今の洗濯機、私が引き取るから、おばあちゃんには乾燥までできる洗濯機、プレゼントするね」と。

さて、届いた洗濯機は最新型のドラム式。操作するボタンがほとんどなく、液晶パネルにタッチして操作をするようなハイテク洗濯機。使い方がわからなくなってしまいました。

※二層式洗濯機は、洗う層と脱水する層の二つに分かれている洗濯機です。洗い終わった洗濯物を脱水機のほうに移して脱水をかけます。パワーが強い、修理しやすい、安いなど、今でも根強く愛され、現在も製造販売されています。

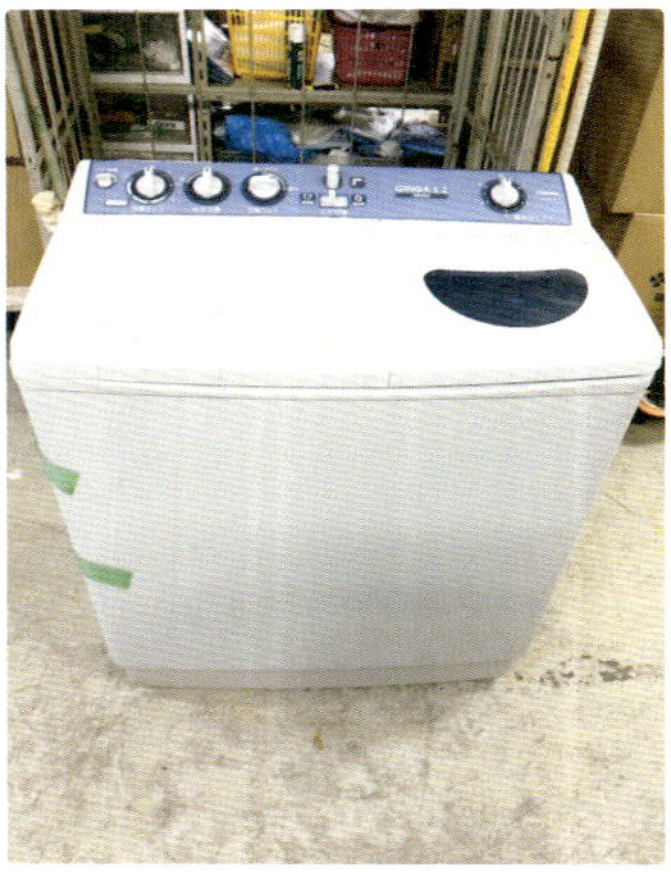

二層式洗濯機

全自動洗濯機

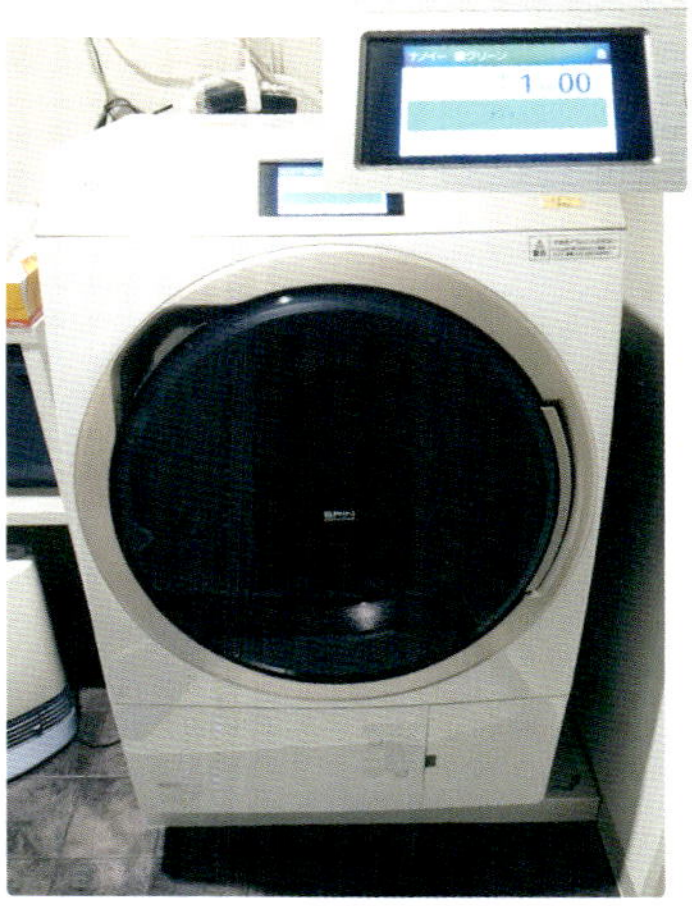

ドラム式洗濯乾燥機

「チン」という音で知らせてくれるダイヤル式の電子レンジ。

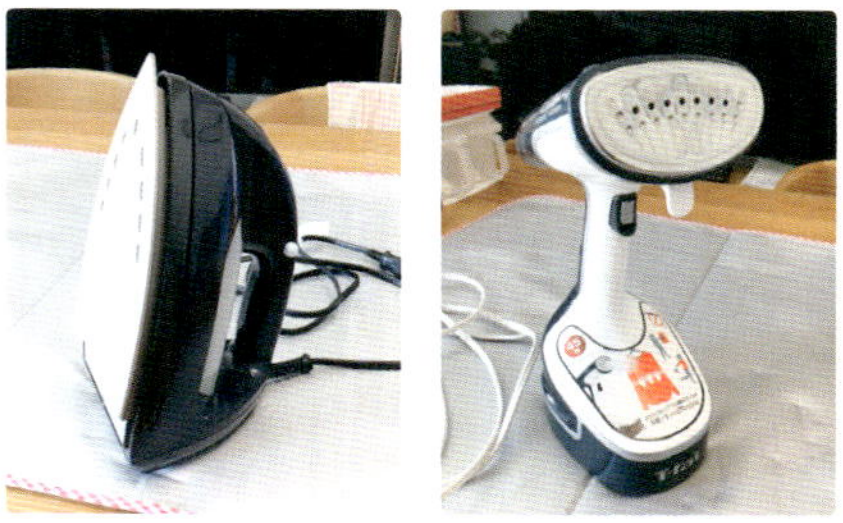

最近のアイロンは、洋服を掛けたままスチームでサァーっとかけられる！
「すごく、ラクそう」とTVショッピングで見てさっそく購入。
ところがいざ届くと、イマイチ使い方がわからない、使いにくい。で、結局、古いアイロンばかりを使用することに…。新しいアイロンは、死蔵品になってしまいました。

操作のたびに「ピッ」という音がなり、できあがりも「ピッ」の電子レンジ。
オーブン機能や蒸し料理までできる多機能レンジですが…。

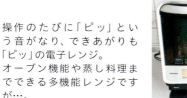

「火の出ないＩＨは安全だけど、ガスレンジで火加減を調整したい」
「ティファールより、湯沸かしポットでいつでも熱いお茶を飲みたい」

　使い慣れた「物」を自分で使い続けるのも、その人の自立にとって大切なことです。「私が暮らしの主人公」になる大切な要素です。

　乾燥までしてくれるドラム式洗濯機は子育て世代にはとても便利ですが、これまでの洗濯機を使い、天気の良い日は外に干す。この習慣が、外気を吸い、腕の上げ下げをし、ご近所とあいさつする機会にもなるでしょう。

　このように、暮らしのなかであたりまえのように行われる動作は、大切なセルフケアでもあるのです。少し意識するだけで、高齢者の日常生活動作、ＡＤＬ、ＩＡＤＬ（※18・19頁参照）を維持します。

4 自分らしい老いの創造

　再度、自宅の「物」を点検してみましょう。引き出しや押し入れ、納戸のなかの写真を撮るだけでも、あらためて「物」とのつきあいを考える良いきっかけになります。

　自宅の改築を考えている方は、収納スペースの削減、つり戸棚の撤去、２階建てから平屋へなど、増築ではなく「減築」を考えてみてはいかがでしょうか。その過程が、人生を振り返る機会となって、「物」を想い、「物」と別れる時間と行動を与えてくれるように思います。

　自宅の改築を考えていない方は、ぜひ自身で管理できる「物」を中心に、暮らしの空間と動線を再確認してみてください。使わない部屋がたとえ倉庫のようになったとしても、起きてから寝るまでの暮らしの空間にある「物」を自分で使う、「物」を自分の意識下におく、そのことが自分らしい老いの創造になることでしょう。

リフォーム前

シンクや
つり戸棚の整理

減築リフォーム中

このあと、つり戸棚は
撤去されます。

減築リフォーム

ちょっと知っておきたい・考えたい言葉

セルフネグレクト

ネグレクトは無視すること。さて、セルフネグレクトとなると、自分を無視すること。自己放任、自己放棄などと訳されます。ゴミ屋敷に暮らす人の多くは、セルフネグレクトに陥っているとの見解もあります。昨今、「ゆるやかな自殺」と言われるようにもなりました。

フレイル

フレイルという言葉は、2014年に日本老年学会が提唱した概念です。健常な状態と要介護状態との中間で、虚弱状態とも言われます。筋力が衰える、疲れやすい、家に閉じこもりがちなど、加齢に伴って生じた衰え全般を表現しています。

現存機能

かつては「残存機能」という言葉がよく使われました。加齢や病気などで何らかの機能障害を負った場合、残された機能を積極的に活用しようという前向きな概念なのですが、それでも「残存＝残った」という表現には何となくマイナスなイメージが…。そこで「現存＝今、ある」機能、「現存機能」という表現も使われるようになりました。

もったいない

2004年ノーベル平和賞を受賞したワンガリ・マータイさん（ケニアの環境活動1904年～2011年）が2005年に来日した際、日本語の「もったいない」に感銘を受け、「MOTTAINAI」を世界共通語として発信しました。この言葉には、環境保護の3R：Reduce（ゴミ削減）、Reuse（再利用）、Recycle（再資源化）に加え、Respect（尊敬）が込められていると言います。日本人として、大切に実践したい言葉です。

倉庫部屋

文字通り「倉庫にする部屋」ですが、本書のテーマ・文脈では、「倉庫になってしまった部屋」というニュアンスを考えなければなりません。64頁のフローチャートをご覧ください。結果的に「倉庫屋敷」から「ゴミ屋敷」になってしまうと、あとが大変です。

ADL、IADL
（次頁参照）

ADL = Activities of Daily Livingは、日常生活動作と訳され、食事、トイレ、入浴、整容、着替えなどの日々の基本的な行為や動作をさします。一方、IADL = Instrumental Activities of Daily Livingは、手段的日常生活動作と訳され、電話の応対や服薬管理、買い物、調理など、ADLよりも複雑で高度な動作をさします。

表）手段的日常生活動作（IADL）尺度

	項　目	採点	
		男性	女性
A	**電話を使用する能力**		
	1. 自分から電話をかける（電話帳を調べたり、ダイアル番号を回すなど）	1	1
	2. 2、3のよく知っている番号をかける	1	1
	3. 電話に出るが自分からかけることはない	1	1
	4. 全く電話を使用しない	0	0
B	**買い物**		
	1. すべての買い物は自分で行う	1	1
	2. 少額の買い物は自分で行える	0	0
	3. 買い物に行くときはいつも付き添いが必要	0	0
	4. 全く買い物はできない	0	0
C	**食事の準備**		
	1. 適切な食事を自分で計画し準備し給仕する		1
	2. 材料が供与されれば適切な食事を準備する		0
	3. 準備された食事を温めて給仕する、あるいは食事を準備するが適切な食事内容を維持しない		0
	4. 食事の準備と給仕をしてもらう必要がある		0
D	**家事**		
	1. 家事を1人でこなす、あるいは時に手助けを要する（例：重労働など）		1
	2. 皿洗いやベッドの支度などの日常的仕事はできる		1
	3. 簡単な日常的仕事はできるが、妥当な清潔さの基準を保てない		1
	4. すべての家事に手助けを必要とする		1
	5. すべての家事にかかわらない		0
E	**洗濯**		
	1. 自分の洗濯は完全に行う		1
	2. ソックス、靴下のすすぎなど簡単な洗濯をする		1
	3. すべて他人にしてもらわなければならない		0
F	**移送の形式**		
	1. 自分で公的機関を利用して旅行したり自家用車を運転する	1	1
	2. タクシーを利用して旅行するが、その他の公的輸送機関は利用しない	1	1
	3. 付き添いがいたり皆と一緒なら公的輸送機関で旅行する	1	1
	4. 付き添いか皆と一緒で、タクシーか自家用車に限り旅行する	0	0
	5. 全く旅行しない	0	0
G	**自分の服薬管理**		
	1. 正しいときに正しい量の薬を飲むことに責任がもてる	1	1
	2. あらかじめ薬が分けて準備されていていれば飲むことができる	0	0
	3. 自分の薬を管理できない	0	0
H	**財産取り扱い能力**		
	1. 経済的問題を自分で管理して（予算、小切手書き、掛金支払い、銀行へ行く）一連の収入を得て、維持する	1	1
	2. 日々の小銭は管理するが、預金や大金などでは手助けを必要とする	0	0
	3. 金銭の取り扱いができない	0	0

A～Hの項目ごとにあてはまる選択肢をチェックします。その右横にある1点または0点の数値を合計してください。
男性は5点満点、女性は8点満点です。点数が高いほど自立していることを表します。

出所：日本老年医学会編集／発行『健康長寿診療ハンドブック2011』より転載

memory 3

ふつうの高齢者の暮らしと「物」

きれいに片づいた家の暮らしでも

高齢者宅の事例を紹介しましょう。

きれい好きのAさん（88歳）が亡くなったあと、
その家に残った「物」はどんなもの？

妻に先立たれ、施設に入所することになった90歳のBさん。自分の本と、妻の残した「物」と…。

買い物好きだったCさん（86歳）。子どもさんやお孫さんにもらった「物」もたくさんあります。

CASE 1

Aさん・女性88歳
ひとり暮らし・故人

きれいな家も「ゴミ屋敷」と紙一重

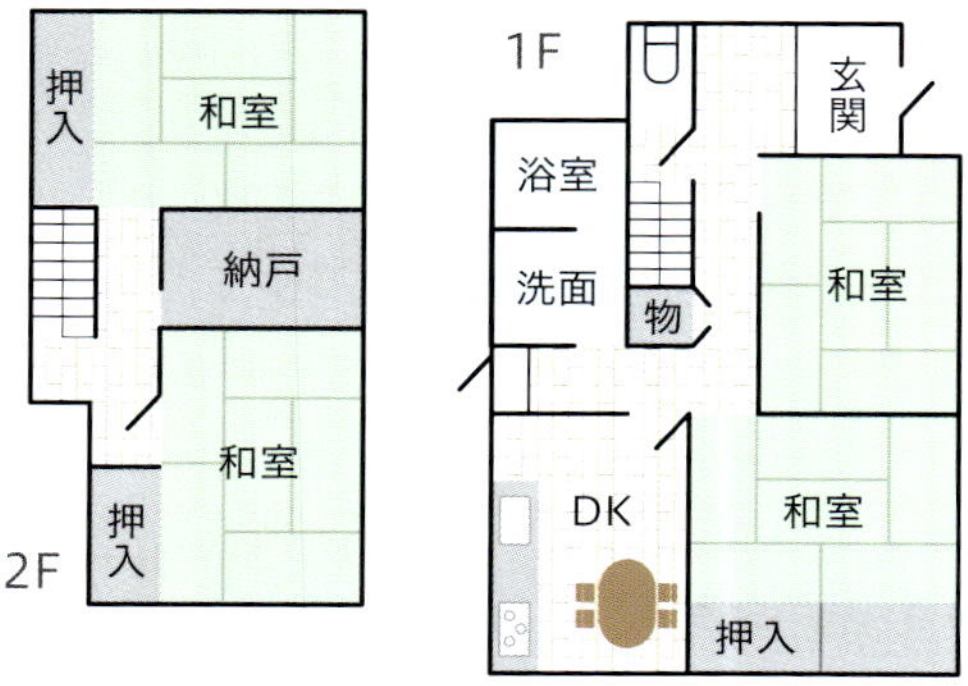

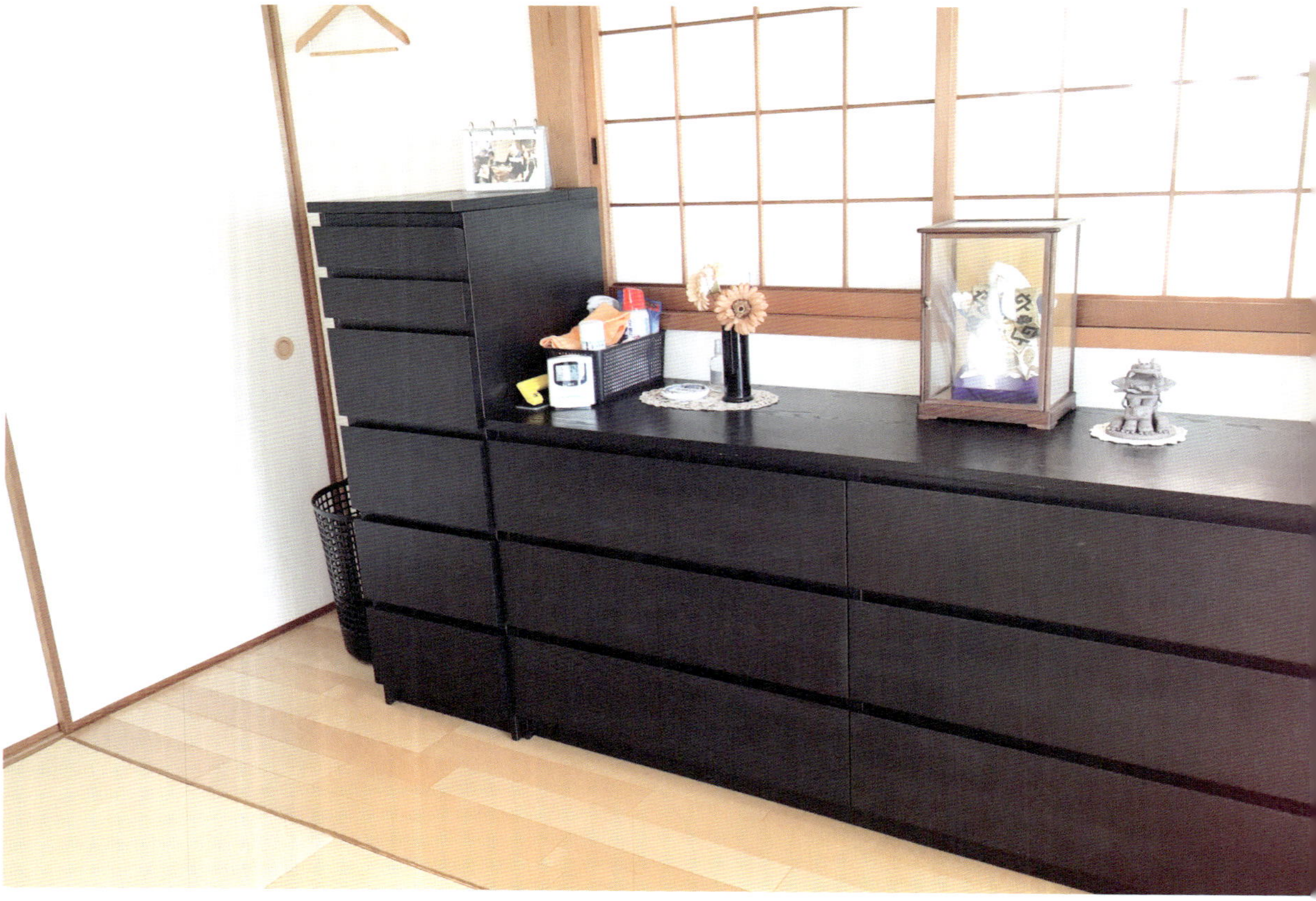

ひとり暮らしのAさんは、ほぼ毎日、訪問介護を受けていました。親戚や友だちもよく訪れます。室内は、ヘルパーさんが「どこを掃除していいかわからない」というほど常にきれいに片づいています。

ところが…。

「物」がほとんど置かれていない和室

Aさんが使用していた和室の押し入れです。上段の布団一組は、本人が使うもの。80歳を過ぎても布団のあげおろしをしていました。でも、布団を干すのは困難で、ヘルパーさんが来たときに手伝ってもらっていました。

ところで、ほかの布団は…。Aさんが使う布団以外は、ヘルパーさんに頼むことはできません。長い間、入れっぱなしです。

押し入れの下段はどうでしょう。数年、数十年と、ほぼこの状態。手前の「物」を出し入れすることはあっても、奥のほうは何年もそのままです。ブリキの行李《こうり》もあります。ここには、Aさんの両親(他界して半世紀近く)の衣類や雑貨が入ったままになっていました。

若い方は、ブリキの行李なんて、聞いたことがないかもしれませんね。今なら、プラスチックの衣装ケースというところでしょうか。

矢印がブリキの行李（上、左下）
みずやの中の小物（右下）

Ａさんの家の納戸です。納戸には、洋服ダンスとチェストがそれぞれ二つあります。壁に沿って上部の棚にはいくつもの段ボールがあります。古い洋服の箱も積まれています。写真には写っていませんが、手前にはプラスチックケースがあり、季節ごとの洋服、タオルケットや羽毛布団、毛布、掛け軸などの贈答品、趣味の手芸用品が詰まっています。下着、靴下、パジャマの買い置きも新品のままです。

片づけ上手な人ほど、隙間なく「物」が詰まっています。

2階の納戸（上、中）　納戸の手前にブリキの箱（左下）
古い洋服の箱と掛け軸（右下）

2階は倉庫部屋になっています。もとは、Aさんの父が客人を招く応接間でした。

高齢期に差しかかると、いつかまとめて片づけようと、「物」を一か所に集めることがよくあります。その「一か所」に選ばれる部屋が、往々にして2階の部屋や奥の部屋。亡くなった夫の書斎だったり、独立した子どもたちの部屋だったり…。

そして、数年。「物」を2階に持ってあがったはいいものの、歳とともに階下へおろすのは困難になるばかり。大型ゴミに出すこともできず、そのままになりました。

Aさんの場合、70歳代のころから親戚や友人に持ち帰ってもらい、かなり整理を続けていました。それでも「物」は残ります。

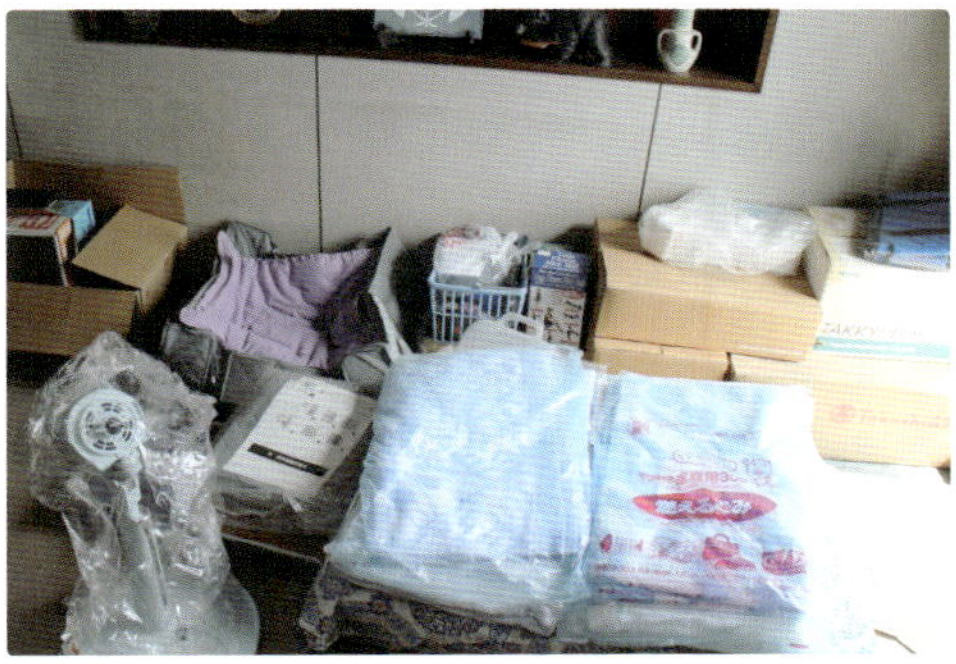

本棚の前にカバン掛け(右上)
入れっぱなしになる床下収納(左上)
物置と化した部屋(下)

右の写真は、開かずの物置です。ここには、ティッシュや石鹸などの買い置きがありました。銀行の粗品、電池、延長コード、工具、ガムテープ、古いタオル、バスマット、バケツ、使いかけのペンキ、色あせた包装紙、贈答品についていたリボンや紐がほこりをかぶっています。非常用トイレもありますね。

普段は扉を閉めています。そこには、服薬管理用のお薬ポケット。扉のむこうの「物」の存在は、もう何年も忘れられています。

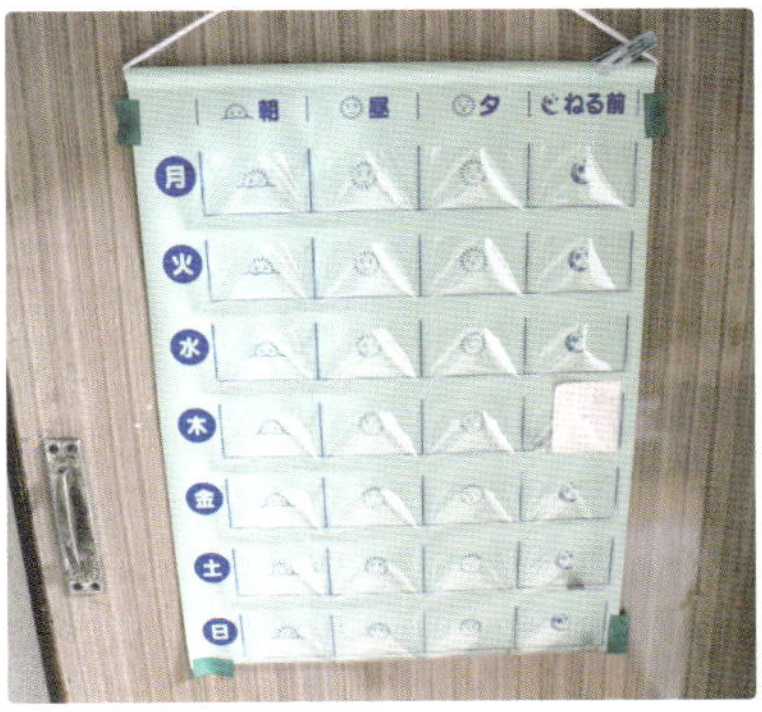

お薬ポケットがかかる物置の扉

物置の扉を開けたところ

CASE 2

家具のなかの「物」の量

Bさん・男性90歳
妻と死別・施設入所

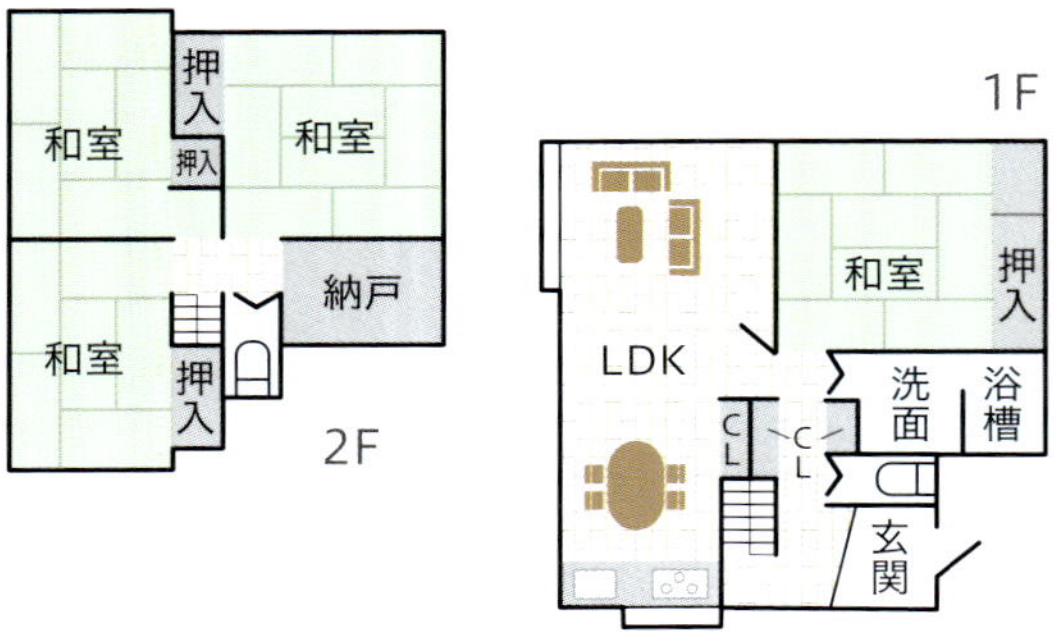

本を床に並べてみたところ（右上）

「物」は、家具のなかにもきっちり詰まっています。どこに何があるか、私たちはどこまでわかっているでしょうか。

　読書家のBさん宅には、大小合わせて4、5台の本棚。約700冊ありました。本だけではありません。記念の色紙や手紙、映画の半券や美術館のパンフレット、新聞の切り抜きなど…。持ち主の人柄や人生があふれてきます。そうした「物」こそ、60歳代から振り返りつつ、自分自身で整理する「物」ではないでしょうか。

和装小物も次から次へと…（右上・丸い写真）

高齢者のお宅には、和ダンスのある家も少なくありません。引き出しからは、奥様が残した丁寧なメモが出てきます。

〇〇の留め袖、△△の訪問着、◇◇の浴衣など、たとう紙に包まれたまま眠っています。

ほかにも、半襟、帯、扇子など、さまざまな和装小物が入っています。和服はTPOを選びます。その時々に合わせる着物と小物が、きちんとそろえられています。

日本刺繍の羽織と小紋柄の着物

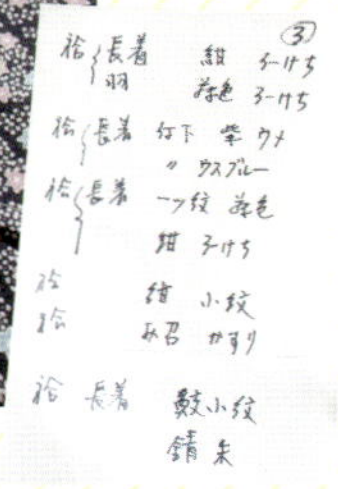

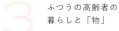

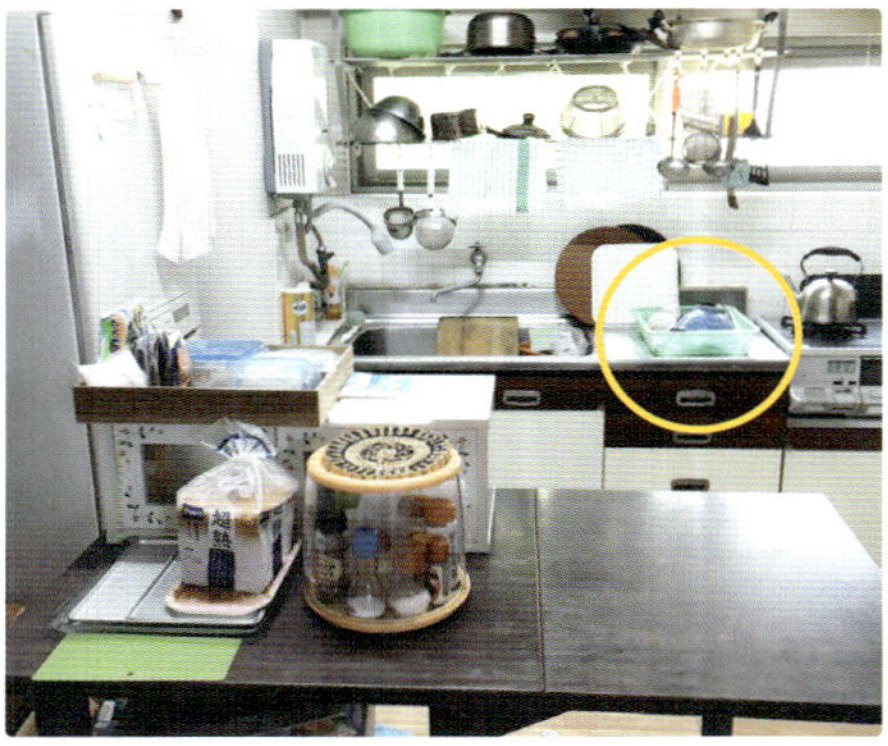

食器を出して床に並べてみたところ

食器棚は3竿。

嫁入り道具、贈答品、粗品、お気に入りの食器など、約650点が収納されていました。さらに、スプーンやフォーク、栓抜き、箸置きなど、細かいものが無数にあります。

一方、普段使う食器は、写真（左上）の○で囲んだところだけ。魚料理にはこの角皿、お雑煮にはこの漆椀、といったこだわりも徐々に薄れ、ほとんど使わなくなりました。

食器棚によくある使わなくなった「物」といえば、子どもたちが小さかったころのお弁当箱、お箸ケース、キャラクターのついたスプーンやフォーク。お誕生日会で使ったかわいい紙ナプキンや、ケーキに立てるろうそくなども出てきます。

床に「物」を置くようになったら要注意

流し台の下

食器棚にあった新品

キッチンや流し台にある「物」は、多種多様。大小の鍋やフライパン、ザルにボウル、おたまや菜箸、計量カップに茶こし、ふきん、ラップ、ビニール袋、爪楊枝、輪ゴム、洗剤やスポンジの買い置き、さまざまなキッチン便利グッズなど、キリがありません。

「いったい、これは何に使うものなんだろう」「どうやって使うんだろう」という「物」も出てきます。そういう「物」に出会うたび、それがなくてもおそらく暮らしていけただろうとも、思います。

食品庫には保存食。油、乾物、ソーメン、お米、塩や砂糖、お醤油などの調味料、レトルト食品、ジャム、缶詰などですが、保存にも限度があります。約40年前のグラニュー糖10kg缶は、さすがに変色して固まっていました。缶と砂糖を分けて処分することにしましたが、若い男性でもかなりの力仕事でした。

今では、珍しくも何ともないグラニュー糖ですが、数十年前は貴重品でした。ですから、お中元やお歳暮にもよく使われたのです。会社役員をしていたBさんも、どなたかからいただき、貴重品だからと大切にとっておいたのでしょう。

普段使いのお砂糖は、流し台の棚にありました。ほかに、スティックタイプのグラニュー糖、角砂糖、三温糖、黒糖、コーヒーシュガー…。お砂糖の種類も増えて、なかなか使い切れません。

キッチンまわりのものを並べてみると…

階段下の食品庫

矢印の箱にはグラニュー糖10kg缶

レンジラックの下には、賞味期限切れの油、醤油など。魚焼き器や油処理剤なども入っていますが、ここ数年、使われた形跡はありません。

冷蔵庫も推して知るべし。普段使う食品もありますが、忘れ去られた食品もそのままです。使えない食材は、家事援助に入ったヘルパーさんの困りごとの一つです。

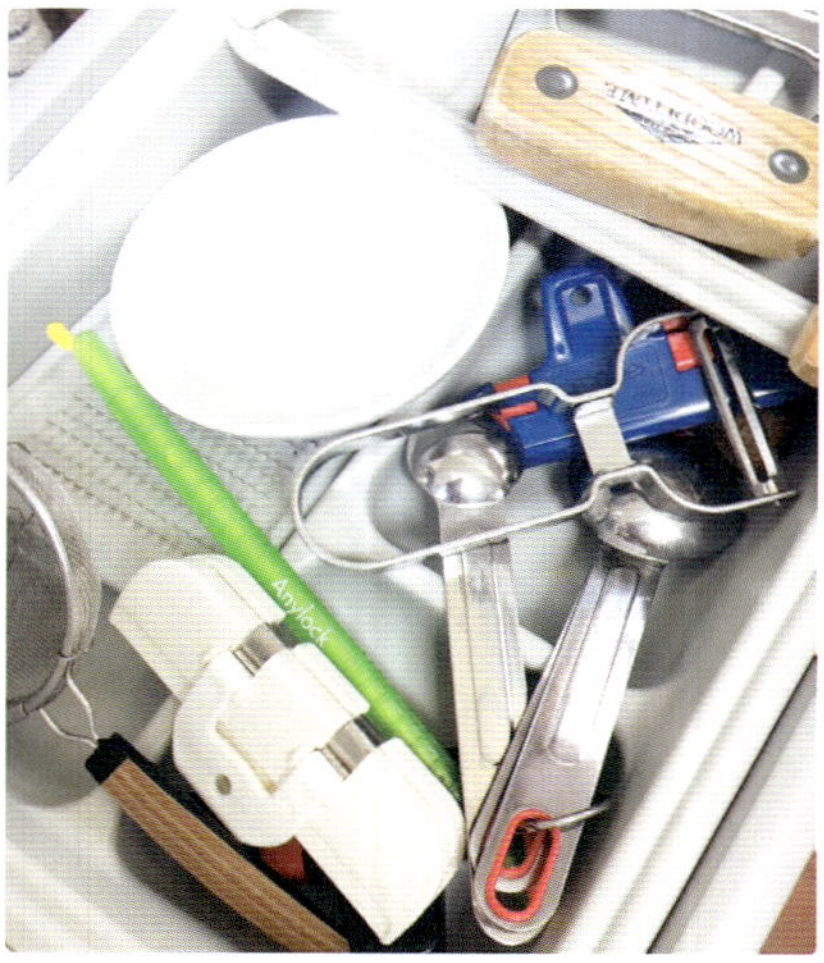

流し台から出てきた新品の数々

MOTTAINAI、もったいない、だから使い切る！

□**ふりかけ**　レタスやトマトなど生野菜にふりかけると、サラダドレッシングのように使えます。

□**チューブのわさび**　残り少なくなったら、チューブのなかにお醤油を入れてシャカシャカ。すると、わさび醤油のできあがり。生姜チューブにみりんや、ニンニクチューブにお酢など、使い方はいろいろ。

□**お茶用の紙パック**　香典返しなどでたまったお茶は、出汁パックに小分けして冷蔵（冷凍）庫に保存。夏は、ボトルに入れて水を注いで冷蔵庫へ入れます。翌朝、冷たい緑茶のできあがり。

□**出汁用の紙パック**　大きめの出汁パックには石鹸を入れて使います。きめ細かい泡立ちになります、ホント。石鹸もドロドロになりにくく、石鹸受けにもこびりつかず、最後まで使えてすっきりです。

□**小袋の調味料**　ソース、かば焼きのタレ、刺身醤油、青のり、辛子、山椒…、いつの間にか増える小袋の調味料は、当然ですが調味料として使えます。意識して使ってしまいましょう。

□**ペットボトル**　ペットボトルを適当な長さに切って、冷蔵庫の野菜立てに。立てて入れると見やすいので、忘れずに使うことができます。わさびなどのチューブ立てにも使えます。

□**紙袋**　いくらでもたまる紙袋。底面から適当な高さに切って、タンスの仕切りに使います。仕切り用の便利グッズも多々ありますが、紙袋の良さは、適当にへしゃげるところ。少々、無理してでも引き出しに押し込めます。

□**タオル**　半分に切りっぱなしで、普段使いの台ふきに。お客さんが来たとき用に、ちょっときれいな台ふきもそろえておいてくださいね。

□**布オムツ**　昔の赤ちゃんの布オムツ。とっても吸水力が高く、やわらかく、ぞうきんとしても重宝します。洗濯してきれいな布オムツ。オムツだったことに抵抗がなければ、使ってみませんか。

比較的小さく質素な洗面台（左上）
横の三段BOXには少しの買い置きと
普段使う物が入っていました（右上）

普通に暮らしているだけで、「物」は相当量になります。

妻に先立たれた男性の場合、処分していい「物」とそうでない「物」の区別がつかずに整理できないことがよくあります。また、「物」の所在がわからず、買い置きがあるのに買ってしまうこともあり、経済的にも余計な負担につながります。

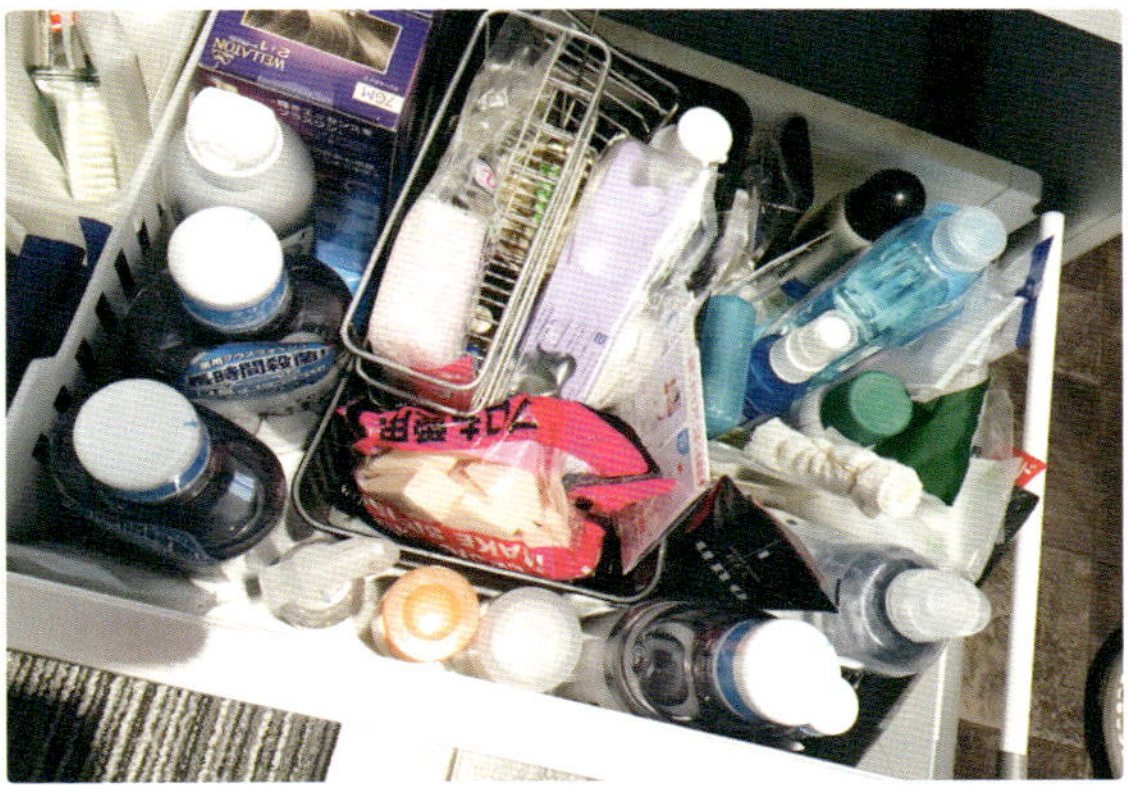

お風呂は、比較的「物」が少ない場所です。整容に特別なこだわりがなかったのか、Bさん宅の洗面まわりはすっきりしています。

それでも、洗面台横の三段BOXには、雑貨が詰まっていました。小物入れもありました。お風呂道具もそれなりにあります。

CASE 3

自然と増える「物」

Cさん・女性86歳
ひとり暮らし

生協のカタログを見ながら楽しそうに注文書に記入するCさん

買い物が大好きなCさん。歳とともに外出が不安になり、買い物を持ち帰る力も衰えてきました。「物」の嵩や重さだけでなく、「物」を持って歩くことがむずかしくなってきたのです。近くのスーパーまでは500mほど。若いころには10分とかからなかった徒歩圏内ですが、今は散歩はできても荷物を持ち歩くのは一苦労。段差も多く、信号もあり…。青のうちに渡り切れなかったこともありました。便利な都会に住んでいても、「買い物弱者」です。

そんなCさんを支えてくれるのが生活協同組合、コープさんです。

Cさんは生協の組合員。カタログを見ながら、「おいしそう、これ食べたいわ」「この掃除道具は便利そう」「体が冷えない靴下もあるのね」と、Cさんの目が輝きます。でも、時々、困ったことが…。

生協はカタログを見て注文します。おいしそうな筑前煮の写真につられて注文したら、届いたのは料理酒。玉ねぎ1kgを買ったつもりが、届いたのは一箱。

「こんなにたくさんどうしよう…」と思っても、届いたばかりの品物です。捨てるのはムリ。そのうち使うかもしれない…で、商品はそのままキッチンの片隅に置かれます。

そんなとき、Cさんのご家族から、「ヘルパーさんと一緒に注文書を書いてみたら?」と提案がありました。

早速、実行。ヘルパーさんとカタログを見ながら商品選びをするCさんは、とても生き生きしています。まるで、友人とショッピングに出かけたようです。冷蔵庫のなかをチェックしながら、何を注文するか考えます。ヘルパーさんにとっても、今ある食材を把握することができ、Cさんの好みがわかり、家事援助がしやすくなりました。こうして無駄な食材が減ると、家計の負担も減っていきます。

ハンバーグを注文したつもりが、届いたのはスパイス。
Cさん、「あれっ？」
生協では、こうした注文まちがいがなくなるよう、早速、カタログの改善に取り組んでいます。

子どもや孫の心遣いでも「物」が増えます。

「ロクシタンのハンドクリーム、どう？」「これ、足が冷えない羽毛ソックス」「肩たたき機、気持ちいいよ」「羊羹、買ってきた。日持ちするし」「元旦の集合写真、できたよ」「推理小説、読む？」「これ、上等のハチミツ」「ティファール、便利よ」「生絞りジュース、身体にいいって」…。

このように、善意にあふれた「物」のやりとりなのですが、高齢になると（たとえ認知症でなくても）「これ、何だっけ？」「どうやって使うのかしら？」という思いとともに使いそびれて時がたち、気づけば立派な死蔵品になってしまいます。

高齢者の暮らしに適《かな》った「物」をそろえ、「物」を使う――こうして、「物」とつきあいながら、「物」も生かされ、高齢者も生き生きと暮らせるのではないでしょうか。

家族からのおみやげやプレゼント

内閣府『平成23年版高齢社会白書』より
「高齢者の住宅と生活環境に関する意識調査」（平成22年）

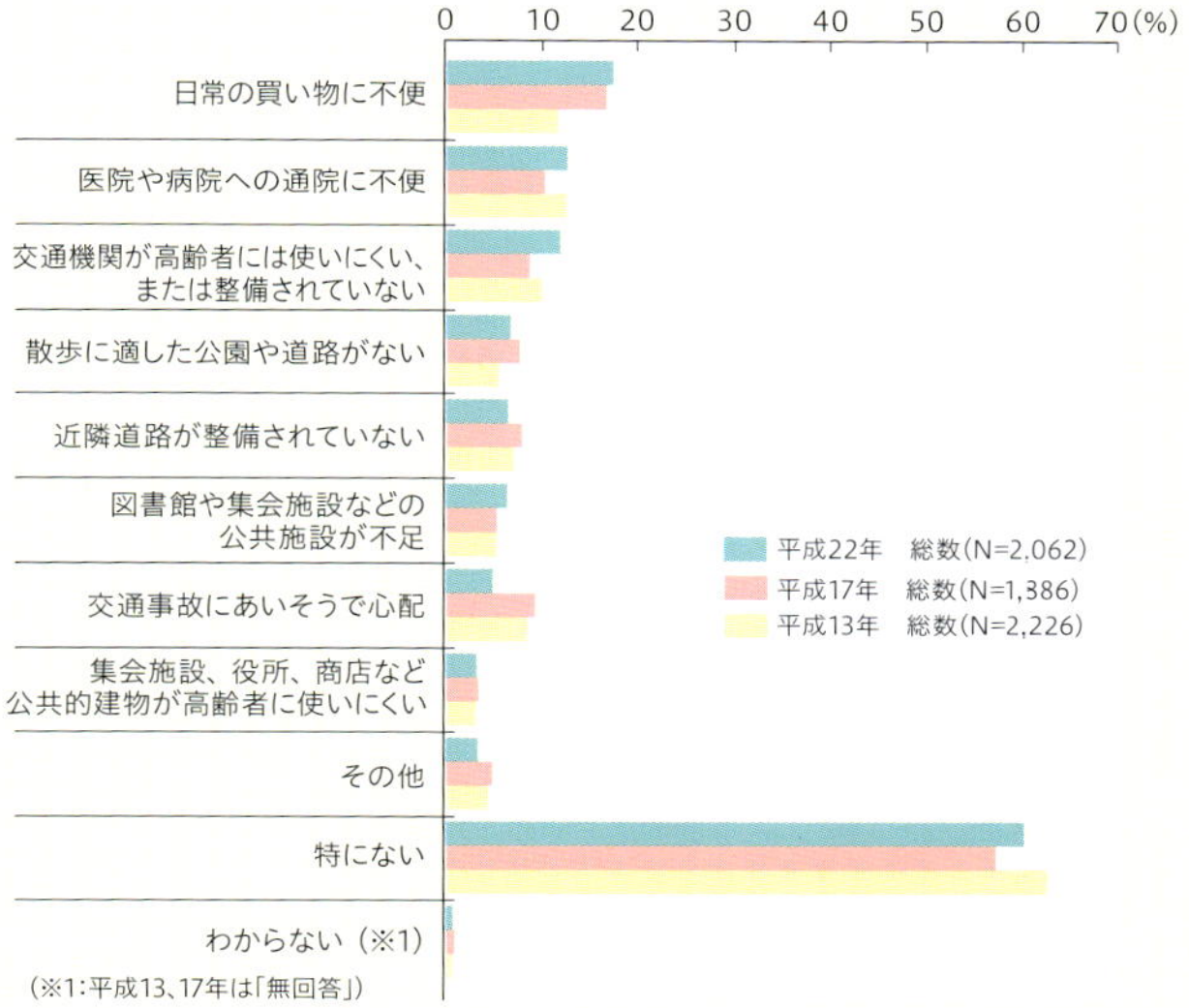

図）「あなたがお住まいの地域で、不便に思ったり、気になったりすることはありますか」という質問に対する回答（60歳以上対象）

「特にない」以外では、「日常の買い物に不便」と回答した人が最も多く、その割合が年々上昇している。その地域の実情により日常の買い物に不便さを感じている人は高齢者に限らないが、特に高齢者には深刻な問題となっている。

2018年の推計によると、「買い物弱者」「買い物難民」とされる人は全国で約700万人と推計される（経済産業省）。

CASE 4

人生のエピソードと手放せない「物」

Cさん・女性86歳
ひとり暮らし

　認知心理学によると、私たち人間の記憶は、数秒の感覚記憶、15〜30秒の短期記憶、ほぼ永久の長期記憶に区分されるそうです。さらに、長期記憶は手続き記憶と宣言的記憶に区分され、後者はさらに、意味記憶とエピソード記憶に分類されるそうです。

　手続き記憶とは、たとえば自転車のこぎ方のように一度身についたら忘れない記憶。意味記憶とは、「これは自転車という乗り物である」というように一般的な知識としての記憶をさすそうです。

　そして、エピソード記憶。エピソード記憶とは、「新婚旅行の記念に、主人が旅行先でペンダントを買ってくれたんです」というように、時間的・空間的な文脈とともにある記憶です。そうした記憶は、何らかの感情を伴います。その感情が「物」を見て、手に取ってよみがえります。「物」は、そうした人生のエピソードをまとっています。その時々の風景や登場人物の人柄、やりとりした会話、一緒に食べた食事の味や匂いなど、多くの思い出が次々と浮かんできます。心地よい思い出ほど、「物」が手放せなくなるのかもしれませんね。

　買い物好きだったCさんの場合、お孫さんとショッピングに行ったこと、「おばあちゃん、この洋服似合うよ」と言ってもらってうれしかったこと、一緒にケーキを食べてお孫さんが喜んでいたことなど、一つの「物」からCさんの人生のさまざまなエピソードが連なります。ですから、お孫さんが小学生のときにプレゼントしてくれたであろう「肩たたき券」やクリスマスカードが引き出しの奥から出てきたとしても不思議ではありません。もちろん、写真もたくさん出てきます。

　他人が見たらどんなにつまらない「物」であっても、手放せない「物」は最期まで残したい「物」です。「物」の整理を、「捨てる」という言葉ではじめるのはやめましょう。人生を否定するかのようになってしまいます。

「物」の整理をしていて、ふと郷愁に浸ってしまうことがあります。「これ壊れてるし、捨てようよ」と言われても、古いオルゴールが捨てられません。愛情が刻まれた「物」は、人生の一部でもあるのでしょう。こうした「物」こそ、自分自身でどうするか、きちんと決めておきたい「物」だと思います。Cさんは、棺桶に入れてほしい「物」を一つにまとめはじめました。

引き出しのなかには、本当にこまごました「物」が詰まっています。

若いころのメガネやお財布、おみやげにもらったキーホルダーや絵はがき、粗品の携帯ストラップ、爪切りなどの日用品、シャープペンの替え芯やクリップなどの文房具、名刺サイズの計算機…。いずれも小さい「物」ばかり。いつでも処分できるような気もするし、かさばらないから置いておいてもいいような気もするし。まだまだ使える「物」のなかには新品も多く、引き出しのなかの「物」の行き先を決めるのには、その数の分だけ多くの時間を要します。

そして、アルバム。

アルバムをめくりはじめたら大変です。その日は、ほとんど整理が進まないことでしょう。

最近は、アルバムからよりすぐりの写真を集めてフォトブックを作成したり、写真をスキャンしてデジタルフォトフレームにするという方法もあります。

やがては忘れ去られる自身の存在証明――写真。誰かに処分を託すにしても、自分で処分するにしても、少しは人生を振り返る時間をもちたいと思います。

写真のようなご祝儀袋や香典袋も、家族をはじめ多くの友人との交流を育んだ人生の軌跡と言えるかもしれません。高齢になったご家族の「物」の整理を手伝うときも、「物」に刻まれた愛情を傷つけないようにしたいと思います。

きちんと整理された昭和初期からのアルバム（上）
日付がわからない最近の写真（左下）

CASE 5

整理するつもりだった

再びAさん・女性88歳
ひとり暮らし・故人

近ごろは、ほとんど毎日が「ゴミの日」です。

ゴミ置き場に持っていくたびに、「今日はこれでよかったかしら…」と不安になり、まちがえた日はゴミを持ち帰り、ため息をつきます。

燃えるゴミ	毎週 火曜・金曜日
缶・びん・ペットボトル それぞれ分けてください	毎週 水曜日
容器包装プラスチック 入れ物を包んでいるプラスチック	毎週 木曜日
燃えないゴミ カセットボンベ・金属など	第２・第４ 火曜日
リサイクル・資源ゴミ 古布・新聞・雑誌・雑紙	第１、第３ 月曜日
大型化燃ゴミ タンス・ソファなど	第４ 月曜日

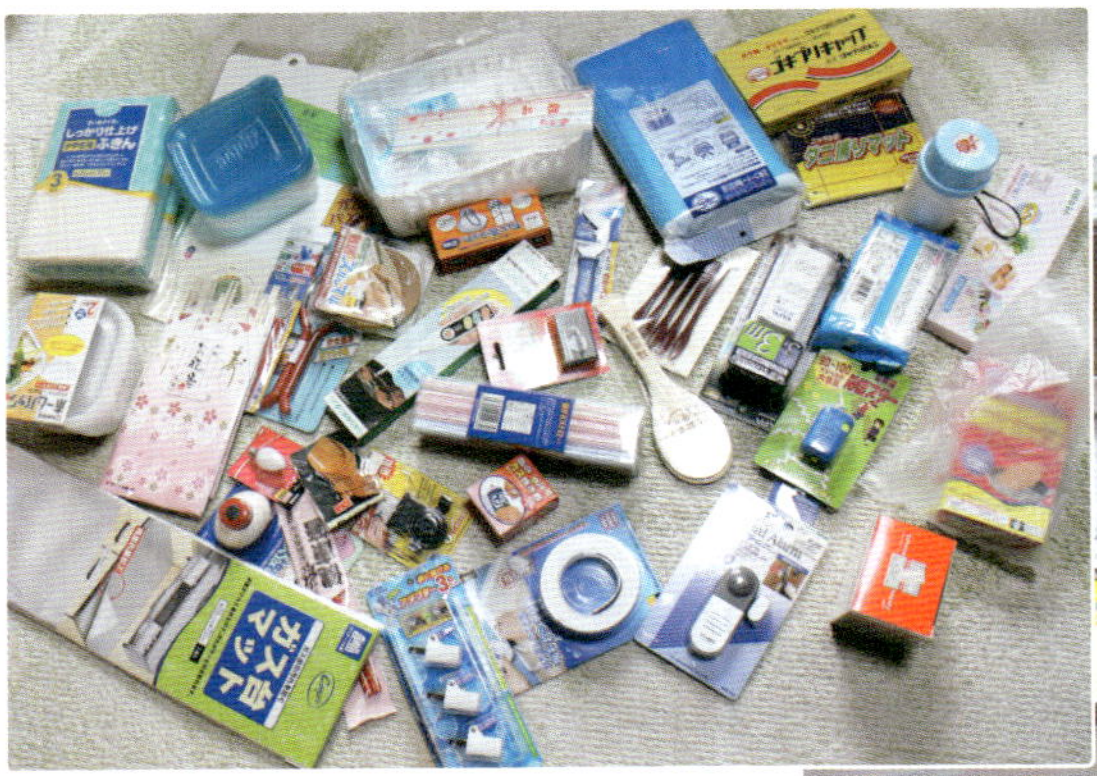
引き出しにあった未使用の「物」

引き出しの中

「物」を整理しようと考え、準備している高齢者も少なくありません。

こまごました「物」を片づけようと引き出しの整理からはじめたものの、分別が大変です。皮やプラスチック、木材、金属などが組み合わさっています。たとえば、切れ味の悪いハサミを捨てようと思いますが、持ち手はプラスチック？ 分別がわかりません。

自治体の指定ゴミ袋

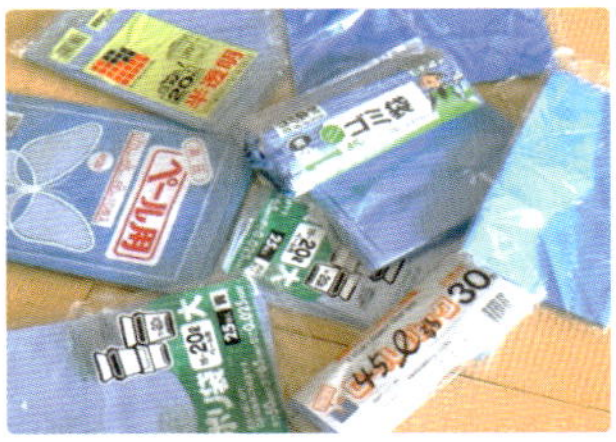
使えなくなった古いゴミ袋

ゴミの分別が進み、自治体の方針が変わり、青いほうのゴミ袋（古いゴミ袋）は使えなくなって、ゴミ袋がゴミになりました。

45ℓの袋にゴミを詰めると重くて持てなくなり、30ℓ、15ℓの袋が増えました。

分別が進むと、毎日が「何か」のゴミの日です。「今日は何をどう出せばいいのか」「これを出したら、ご近所に迷惑かしら」など、まじめで心配性のAさんは、なかなかゴミが出せません。結局、「ひとまず置いておこう」となります。

Aさんが片づけを意識しはじめたのは、70歳になってから。健康でした。それでも、73歳で乳がんの入院手術、75歳で白内障と緑内障の手術でも入院しました。持病の高脂血症も改善せず、脊柱管狭窄症によるしびれも出てきました。こうして少しずつ身体が衰え、「片づけよう」という意思があっても実践が困難になってきました。

「片づけよう」という意志があっても、「何を・どういう基準で・どの順番で・いつまでに」というプランに行きつきません。とりあえず、「物」を押し入れから出してみたものの手に負えず、重くて運べません。「孫が来たときに、手伝ってもらおう」と思うものの、そうタイミングよくはいきません。

そんなことを繰り返すうちに、月日がたち、また歳をとり、「物」はそのままになりました。

リサイクルにまわす「物」とパッカー車でつぶす「物」

室内に積まれたゴミ袋

丸めた布団

2階からタンスをおろす

雑草が茂る庭

道路に出された遺品

遺品という名のAさんの「物」が家の内外にあふれています。リユース、リサイクルにまわった「物」もありますが、多くは廃棄され、古い家具はパッカー車でつぶされていきます。

残された者にできることは、良心的で誠実な業者に処分を依頼することかもしれません。

Column 1

植木鉢、どこに捨てる?

京都府南部にお住まいの方から、こんなお問い合わせがあったので、調べてみました。

「マンションのベランダに、植木鉢が20個以上もあるので処分したい。どうしたらいいですか?」というご質問です。

一般廃棄物(家庭ゴミ)の業者さんで、引き取りに行ってもらえる所を探してみました。自治体の大型ゴミで回収できるかどうかも、確認することにしました。

一般のゴミ処理は、市町村単位ごとに異なるので、該当の市役所の環境課に問い合わせました。

環境課の回答は、普段の家庭ゴミや自治体の大型ゴミでは回収していない、という回答でした。それなら、どこか業者を紹介してほしいと申し出たところ、環境課では特定の業者を紹介できないため、商工会議所に問い合わせしてほしいとのこと。そこで、商工会議所の電話を教えてもらいました。

商工会議所に電話をすると、加盟している二つの業者を紹介してもらえました。

一件目の業者からは、「土の入った植木鉢は回収できない」と言われました。

2件目の業者は、できるかできないか、明確な返事がなく、何か奥歯にものが挟まった感じのやりとりになりました。結局、「土は引き取れない」ということのようでした。

結論的には、土が入っていなければ植木鉢は大きさ・材質によって分別し、枯れた木は普通のゴミで回収できるということのようです。

この回答を問い合わせのあった方に返事をしました。すると、「知り合いの畑に捨てさせてもらうわ」と言われ、電話を切られてしまいました。

でも…。

実は、土を捨てる場所はありません。公園・河原・近所の田んぼ・空き地、どこに捨てても捨てた人は不法投棄にあたります。畑や田んぼも、ほかからの土を持ってこられたら困るのです!

では、土を捨てるのに自治体に断られたら、どうすればよいのでしょうか?

その場合は、産業廃棄物として処分するしか方法はなさそうです。産業廃棄物の業者とは、工事で出る廃材などを扱う業者です。該当する業者は、所在の都道府県で認可を受け、さらに「残土」を扱うことが可能な業者に限られます。

また、もしも依頼した業者が不法投棄をした場合、依頼主の責任として不法投棄の撤去費用を負担する義務が発生します。

身近なプランターの土がこんなに大変なことになるとは…。

定年退職をしたばかりの夫婦。庭に置いてある不用品を捨てようと思い、整理をはじめました。

ところが、ところが。

人ひとりがやっと通れる通路に、プラスチックケース、スチールのラック3台、いつの間にか増えた100本近い支柱、アウトドア用のイスやテーブル、使っていない植木鉢、野菜の種、花の球根、穴のあいたバケツ、使いかけのペンキ、刷毛、錆びついたスコップや熊手。そして何よりも、発泡スチロールに詰めたままの不要な土…。

もちろん、捨てる予定のない「物」もたくさんあります。とりあえず、必要な「物」を庭に集合させました。けっこう、あります。全部捨てるのはまだ早い。でも、これから何をどれくらい使うでしょうか。

芽生えたばかりの植木もたくさんあります。これからもどんどん育つことでしょう。

室内にも観葉植物がいっぱいです。購入したときのことを思うと、5倍にも6倍にも大きく育っています。早めに少しずつ、人にもらってもらったり、処分することで負担が小さくなります。

とりあえず、とっておく「物」

人ひとりがやっと通れる通路でもこれだけの「物」が…

不要な「物」

memory 4

「片づける」はいつから？

50歳代の健康な男性でも簡単じゃない

少し、現在の中高年、50歳代から60歳代くらいの人たちを数字でみてみましょう。

働きながら介護をする人を年齢別にみてみると、男性、女性とも50歳代後半から60歳代前半の割合が高いことがわかります（図4－1）。

次に、介護・看護による離職した人を年齢別でみてみると、ここでも、男性、女性とも50歳代後半から60歳代前半の割合が高くなっています（図4－2）。

加えて、生涯未婚率が高くなりました（図4－3）。平成に入るまでは、男女とも5％程度だった未婚率が、やがては男性が29・0％、女性は19・2％という上昇傾向が示されています。

つまり、今は親と同居して働いていても、いずれは親の介護を担う単身者の増加を示しているのです。やがて、自分も単身高齢者になります。より若いうちから、将来を考えた「物」とのつきあい方が求められてきます。

42頁から紹介する50歳代の男性も未婚です。比較的早く親を亡くし、親世代の「物」から片づけようとしたのですが、並大抵ではなかったようです。老親介護がなくても大変な片づけ。介護を担う可能性が高い中高年は、親の介護と自身の老後を見据えつつ、身のまわりの「物」たちとつきあいたいものです。

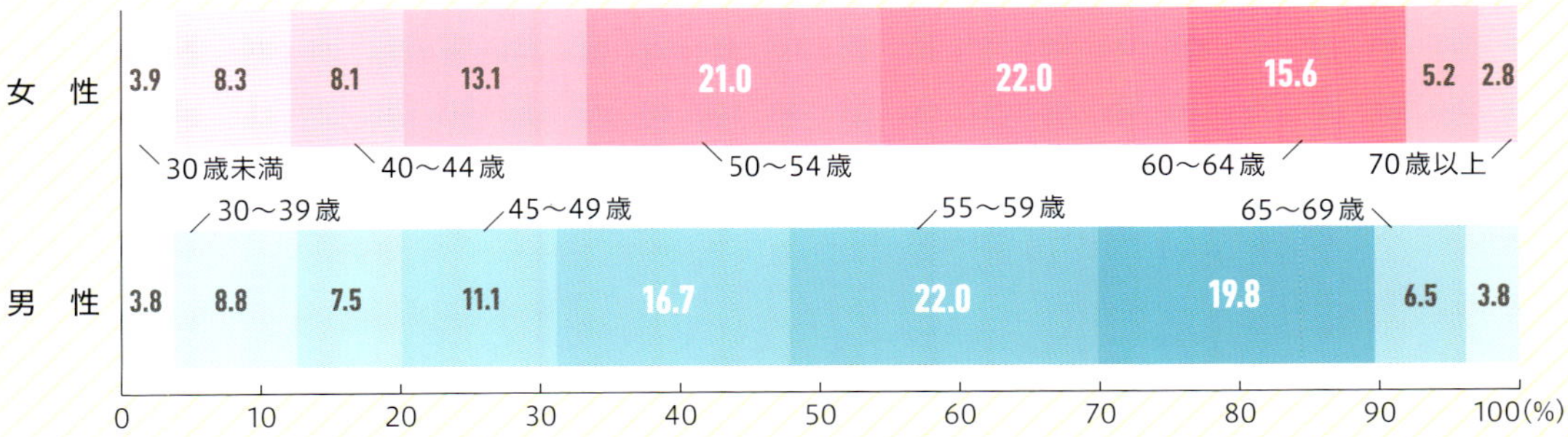

図4-1）働きながら介護する者の年齢別構成割合

出所：総務省「就業構造基本調査」（平成24年）

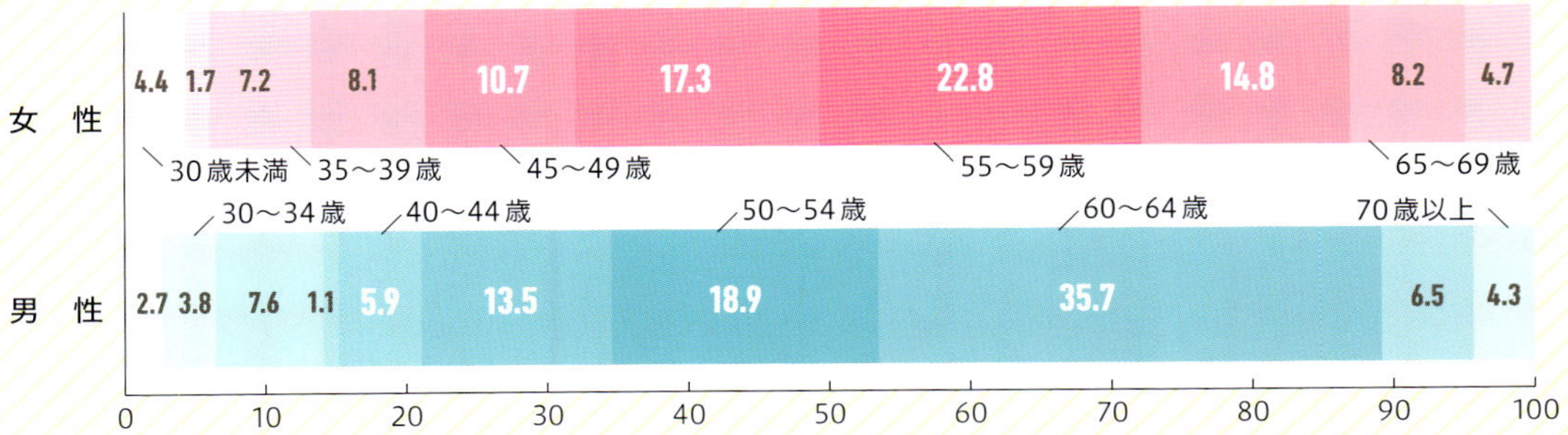

図4-2）介護・看護により離職した者の年齢別割合

出所：総務省「就業構造基本調査」（平成23年10月〜平成24年9月）

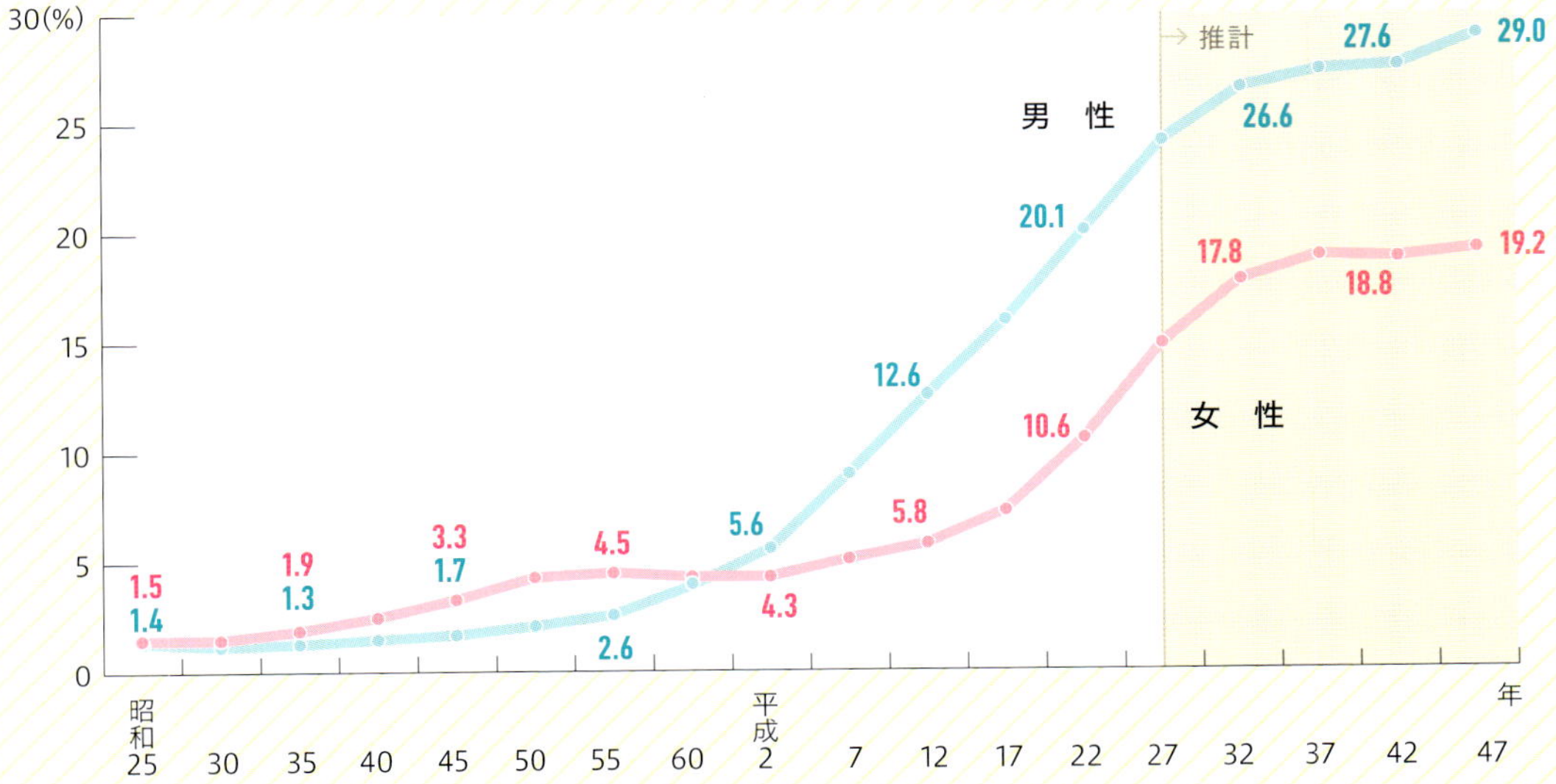

図4-3）生涯未婚率（50歳時の未婚率）の推移と将来推計

出所：平成22年までは、総務省「国勢調査報告」／平成27年以降は、国立社会保障・人口問題研究所「日本の世帯数の将来推計（全国推計）」

1 中高年——これからの高齢者

現在、50歳代から60歳代くらいの中高年は、「もったいない」世代の高齢者を親にもつ人たちです。それなりに「もったいない」精神をもち、日常的な「物」のやりとりがある社会で暮らし、専業主婦が家事を担い、家にどんな「物」があるのか、どのように管理され、使われているのかをあまり知らない世代です。この世代こそ、体力、気力、行動力が衰える前に「物」を把握し、管理と整理の方法を考える必要があります。「そのうちに…」「今度の休みに」「定年になったら」と思っている間に、さらに「物」が増えていきます。

今後は、単身世帯が増加。夫婦の二人暮らしも、単身世帯予備軍です。大型ゴミに出したい家具も一人ではなかなか出すこともできません。「物」の量や質に対して、無頓着なまま暮らすのは少々危険かもしれません。

2 「物」の量は想像以上

43頁の写真は、50歳代男性Dさんの自宅兼事務所です。ひとり暮らしで仕事も多忙なことから、炊事・洗濯は何とかこなしていたものの、整理・整頓、掃除は苦手。これまで片づけとは無縁でした。雑多な「物」が汚れとともにたまります。

そこで、一念発起。

まずは、要らない「物」を処分しようと押し入れから「物」を出しはじめました。1週間くらいで何とか片づくと思っていたら、その量は想像以上。とても一人では片づけられません。それらの「要る・要らない」の区別もできず、出した「物」を元に戻す時間もなく、Dさんはこの状態の部屋で寝起きすることになりました（写真43頁左）。

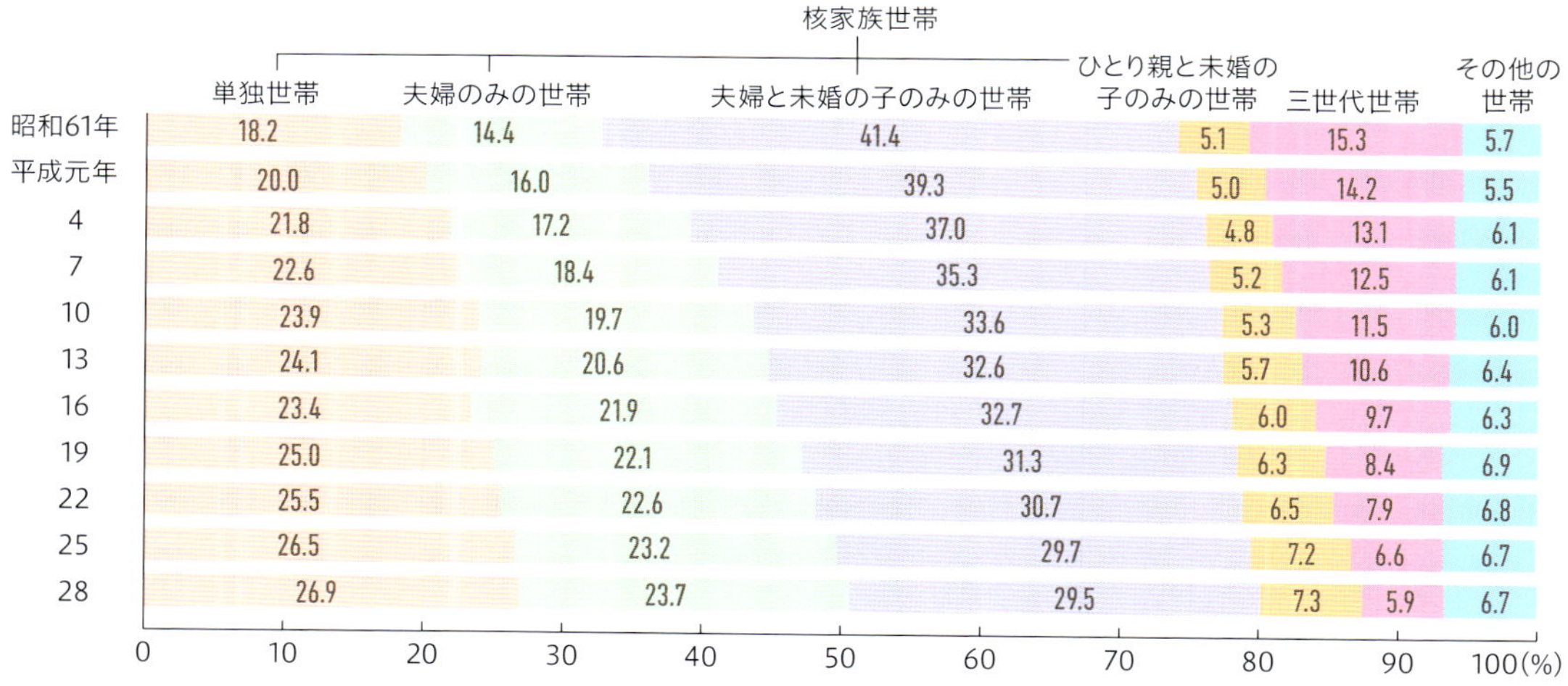

図4-4）世帯構造別にみた世帯数の構成割合の年次推移

出所：政府統計「平成30年国民生活基礎調査（平成28年）」

仕事をしながら、暮らしながら、整理をしながら、途中でいやになりながらの数か月。

日々のゴミ出しでかなり量を減らしたものの、最終的には業者の2tトラックで2往復。暮らしに必要な「物」はそのままなので、家財道具総量の約半分を運び出した、といったところでしょうか。最終日は、マンション2階から1階へと、「物」の運び出しに友人3人が加勢し、ようやく床が現れました。

ちなみに、リユース・リサイクルにはほとんどまわせず、新品を含む多くの「物」が分別なしの廃棄物として処分されたようです。費用は約15万円。安いでしょうか、高いでしょうか。

3 中高年の心構え

お中元・お歳暮、お返し、景品などの習慣を減らし、「売れるもの・譲れるも

この部屋に隙間をつくって寝る

自宅兼事務所のデスク周辺

の」は、60歳代のうちから「売る・譲る」を実践しましょう。どうしても生じる「もらうもの」「贈るもの」も、「食べてなくなる・使ってなくなるもの」を意識します。

　また、「買う前・もらう前」にストックを使い切る習慣をつけ、できるだけ無駄のない生活を実践します。便利グッズを買わずに家にある代用品ですませ、納得のいくまで使い切る――こうした実践で経済的負担を減らし、捨てるときには気持ちよくいきたいものです。

　リサイクルショップに持っていくのはどうでしょう。

　もちろんお店にもよりますが、食器は新品（箱入り）か高級ブランド食器にしか値がつきません。

　家具は製造後5年以内、または高級家具や民芸家具が主。

　和服は、著名な作家物の作品や高級な織物が中心です。和服を子どもに譲ろうにも、今の子どもたちには着丈・袖丈が合わず、洗い張り、仕立て直し、着付けなどに時間もお金もかかります。

　おみやげ、飾り物、記念品などは、美術品、工芸品に値するもの以外に引き取りもむずかしく…。

50歳代の健康な男性でも大変だった…

　一方、最近はメルカリやジモティーなど、ネットで「物」のやりとりが可能になりました。子どもにメルカリを頼み、売り上げを子どものお小遣いにする――「物」が無駄にならず、お金もかからず、それなりにいいアイデアかもしれません。

　こうした方法を楽しみながら暮らしをマネジメントし、60歳代からはシンプルライフの実現に取りかかりましょう。この定着期間が健康寿命の要です。それ以上に高齢になってからの「物」の整理では、「何をどう整理したか」を忘れることもままあります。こうなってからでは、シンプルライフの確立も定着も困難です。

　「物」が少なく、所在がわかりやすく、無駄な「物」を買わずにすみ、福祉用具も入れやすく、ケアの時間がきちんと確保できる空間であれば、たとえ要介護になっても「自分が暮らしの主人公」でいられると思います。これからの「物」とのつきあい方で、末永くすっきり健康な高齢期を迎えましょう。

Column
2

日常生活のスペースと環境の確保が最優先

日常生活のスペースが確保され、家のなかでつまずくようなことがないのであれば、押し入れや使っていない部屋が、物置のような状態になってしまってもいいのではないでしょうか。ただし、ぎゅうぎゅうに詰まった倉庫のような状態では、換気が整いません。家の傷みが進み、健康にもよくありません。

室内の移動がむずかしい倉庫のような部屋や、正常な暮らしができないゴミ屋敷、ネズミやゴキブリが発生しそうな食品の買い置き放置、ご近所の迷惑になるような「物」のストックは容認しがたいものです。その場合は、「廃棄」する覚悟を決めましょう。整理業者などの手助けも必要となります。

すべてをきれいにする必要はないかもしれませんが、日常生活のスペースと、自立して暮らし続ける環境のための片づけが最優先です。

自力で片づけたいと考える方は、気力・体力があり、情報収集ができる60歳代のうちがおすすめです。

自分で判断できるうちにこんなサービスを利用して「物」を少なくすることも！

誰にでもあてはまる絶対の法則や正解はありません。
あなたにあった「整理・収納」をはじめましょう！

「掃除」と「片づけ」は違います。片づいている部屋は掃除もラクラク！
動線、使用頻度を考えた置き場所を設定できていますか？　持っている「物」の量と収納スペースはあっていますか？　収納スペースの前に「物」を置いていませんか？
誰かに相談したい、手伝ってほしい…と思ったら、私たちのまわりにはこのようなサービス（有料）もあります。

DUSK!N
喜びのタネをまこう

家事の代行
merry maids.

ダスキン　メリーメイド「おかたづけサービス」
（部屋や箇所単位の時間制サービス）

※地域により料金は異なります。

サービス内容

1　ご希望のおかたづけサービス（洋室・和室・物置・キッチンの戸棚など）／
1回スタッフ2名・2時間　標準料金20,000円（税抜）〈東京・神奈川の場合〉

●おススメポイント：スタッフは2名、効率良くはかどるサービス
※追加は2名30分毎

2　箇所別おかたづけサービス（食器棚・押入れ・整理タンス・洋服タンス・クローゼット）／
1回スタッフ2名・1時間30分　標準料金15,000円（税抜）〈東京・神奈川の場合〉

●おススメポイント：まずは試してみたい方に、1ヵ所だけ体験
※追加は2名30分毎
※対象範囲　押入れ：幅180cm未満　その他の箇所：幅120cm未満

3　すっきりと暮らす〈ライフ整理サービス〉（これからの生活に必要な物、大切な物を残し「すっきりと暮らす」ために、1週間に1回、または2週間に1回などのサイクルで毎回同じスタッフが訪問し、整理をお手伝い）／定期サービススタッフ1名・2時間
標準料金9,000円／1回（税抜）〈東京・神奈川の場合〉

例：①物を減らし、快適な暮らしづくり　②長年物を詰め込んでいる押し入れの片づけ
③大切な思い出の品を整理（人に譲る物選び）、など話を聞きながらペースに合わせて進める。

●おススメポイント：定期的に同じスタッフが訪問し、ゆっくり吟味しながら片づけます。
※追加は1名1時間毎
※男性のみでご在宅の場合は、スタッフ2名で半分の時間で伺います。

※条件、注意事項
・事前にマネジャーが訪問し、整理や収納に関するお考えをお聞きし、お客様のライフスタイルに合わせた収納をアドバイスします。同時に、目安時間と費用を提示します。
・サービス中はお客様の立ち会いが必要です。スタッフからのアドバイスや提案で、整理・収納などをいっしょに進めます。
・収納場所の掃除に必要な道具や収納用品はお客様でご用意ください。
・住まいでない家のサービスは受けられません。
・リフォーム、DIY（日曜大工）、重い家具の移動、お部屋全体のレイアウト変更、不用品の引き取り処分などのサービスは受けられません。
・地域や場合によりサービスできないことがあります。
・サービスカーの駐車スペースのご用意をお願いします。駐車できない場合は有料駐車場を利用するため、駐車料金をご負担いただきます。
・予告なしにデザインや仕様、料金の変更や販売を中止することがございますのでご了承ください。

●詳しくは下記までお問い合わせください

株式会社 ダスキン
https://www.duskin.co.jp/

ダスキンコンタクトセンター
0120-100100（8時～20時　年中無休）

Column
3

生前整理をあきらめて、片づけ費用を残しておく

他人にとっては価値のない「物」でも、ご本人にとっては大事な「物」。私たちは、そういった「物」に囲まれて生活しています。

ところが昨今、生前整理が大切と言われ、子どもに「片づけろ」と言われてはどうしてよいかわからず、戸惑う高齢者の方にも出会います。そっとしておいてくれれば幸せなのに、生きている間に片づけなければいけないと、追い詰められた思いになっている高齢者の方も多いのではないかと感じます。

それなら、生前の片づけなどいっそあきらめて、この世にいなくなってから、子どもや遺品整理業者に任せてもいいのではないでしょうか。その代わりに、片づけにかかる費用を葬式代と一緒に残しておきましょう。そう、お葬式の費用に加えて、家の片づけ費用も置いておくのです。

そうして、「死んだら好きに片づけて！」と子どもたちに託してしまいましょう。

ただし！　今、普段の生活ができないような住環境の方は、別ですよ。生活が成り立つように片づけなければなりません。

memories

5

現場からのレポート
横尾将臣〈メモリーズ（株）〉の

増える片づけの需要

遺品整理

ひとり暮らしの方が亡くなった場合、賃貸であれば家主に返すことになります。所有していれば相続手続きをして売却したり運用したりするのが一般的ですが、いずれにしても最初に家財の整理をしなければなりません。思い出の品々を片づけることは、家族にとって肉体的にも、精神的にも、経済的にも負担になってきます。

福祉整理

病気やご高齢になり片づけ、整理、清掃ができなくなってゴミがたまり、ときには害虫や臭いなどによって住環境が著しく悪化することがあります。そこで、悪化してしまった住環境を改善し、健全な生活を取り戻すお手伝いとして、整理清掃する作業を「福祉整理®」と呼んでいます。

空き家整理

空き家が増加して社会問題になっています。有効利用するために各自治体も取り組んでいますが、所有者やその親族が現地に行って片づけるのは、とても大きな負担になっています。そのため、空き家対策はなかなか進まないのが現状です。

特殊清掃

自宅で亡くなり、発見が遅れ、腐敗臭や害虫が大量発生してしまって、近隣に被害が出てしまうケースは少なくありません。このような現場の原状回復工事（消毒洗浄と脱臭）を特殊清掃と言います。施工件数は年々増加傾向にあります。

ゴミ屋敷清掃

高齢者にとって、ゴミ出しや片づけがどれほど負担なのか、近年のゴミ屋敷の実態（自治体の把握している件数）を見ても明らかと言えます。ゴミ屋敷にはセルフネグレクト（自己放任）の方も多く、高齢者だけではなく、若い方にも増えてきています。大きな問題です。

片づけを他人（業者）に依頼する時代

かつて、不用品やゴミは臨時回収でも無料でしたが、地球温暖化に伴って3R（※）意識が高まり、引越ゴミや整理に伴う臨時ゴミの回収が有料になりました。その傍ら日本は高齢化が進み、施設入居などに伴う家の片づけや、独居高齢者が亡くなったあとの家一軒分を片づける大規模な片づけの需要が急増しています。

自治体による臨時ゴミ回収

家財の片づけは愛着のある家財道具をすべて整理することになります。時間と労力が費やされ途方に暮れるケースが多く、家族だけで整理を完結するには、自治体の臨時ゴミ回収や自身で清掃センター（クリーンセンター）に運ぶことになりますが、大きな壁となるのが次の3点です。

①自治体のルールでの分別（分別のルールが細かくて時間がかかる）
②指定場所までの搬出（粗大ゴミや重たいものは簡単に運べない）
③回収の日時調整（土・日に回収できない自治体が多い）

よって自分たちで整理を完結するには、多大な時間と労力を要することになり、専門の業者に頼まなければならなくなっているのが現状です。

※3R：リデュース（Reduce）、リユース（Reuse）、リサイクル（Recycle）の略称。

本人や家族で片づけるコツ

よくお客様に「自分たちで何かがんばれば安くなりますか？」と聞かれることがあります。

家財の整理を安くすませる方法は、①業者の梱包時間（手間）を短縮させること、②物量を減らすことの2点になります。

①業者の梱包時間を短縮させるには、梱包の手間を依頼者側で行うことですが、不用な物をなんでもかんでも

袋に入れておけばいいというわけではありません。注意すべきことは紙・衣類、鉄やアルミなどの金属を分別することです。これは資源に分類されますので処分代がかかりません（2019年7月現在）。そして、廃棄物と資源に分けて梱包します。さらに家具の中身が空っぽになっているような状況であれば、業者の手間はかなり減りますので、費用も減らせるはずです。

②梱包した廃棄物などを自治体のルールに従って処分（臨時回収、クリーンセンターなど）できるのであれば、さらに安くなるはずです。資源ゴミは廃品回収などに出すことをおすすめします。処分費というのは整理代金のなかで大きな割合を占めます。多少の労力はかかりますが、費用が確実に減らせる方法です。

（①②とも詳細は、自治体のホームページを参照してください）

仕分け例

新聞などの紙類

カンなどの鉄、アルミ

依頼者やその家族でタンスの衣類や食器などの小物を梱包し、可能であれば普段のゴミ回収で少しずつ減らしましょう。そのあとの大きな家具の搬出など、自分たちでできない作業を業者に任せればいいのです。

なお、依頼者は自分に必要がないものをすべて廃棄する傾向にありますが、廃棄する家財道具のなかには再利用できる物や、買取可能な「物」がないかチェックする必要があります。

3Rできるものが処分されることは、環境的にも経済的にも好ましくありません。貴金属、新しい家電、家具などは買い取ってもらえれば、作業代と相殺することも可能です。

「捨てる」から「活かす」の時代へ

海外に輸出した日本の家具や雑貨のオークション（フィリピン）

遺品整理に伴う廃棄物の半分以上は、まだまだ使える「物」が多いものです。ですが、依頼される家族の家には、すでに電化製品も家具もそろっていますので廃棄せざるを得ません。

また、最近の新築の家は収納がしっかりつくられているため、場所をとる大型家具などの需要はほとんどありません。そのためリサイクルで買い取ることもむずかしい状況です。

そこで、最近注目されているのが海外への輸出です。

日本で出される廃棄物のなかから厳選した再利用品を、東南アジアを中心に競り市に出品する販路が拡大されつつあります。日本から送られてくる品々は大人気で、弊社も倉庫に置いてある貿易品を貿易専門会社に定期的に回収してもらっています。

業者にとって、海外に出す家具などは高値では売れませんが、処分費がかからない大きなメリットがあります。

依頼者にとっても、業者に片づけを依頼すると捨てられてしまう家財道具が、またどこかで誰かの役に立つと思うだけで「心が救われる」と言われます。「活かす」は、心の負担を和らげることにもつながります。

自分たちに合った整理をしてくれる業者を選ぼう

さて片づけを業者に依頼するとき、どのように選択するでしょうか？ホームページやお世話になった葬儀社からのご紹介など、さまざまだと思います。

まず、遺品整理や生前整理など○○整理という言葉に惑わされてはいけません。一般の方は貴重品や写真などしっかり仕分けて整理してくれると思っている傾向がありますが、必ずしもそうではありません。

作業前と作業後を写真で見る限りはどの会社もほぼ同じですが、途中のプロセスは業者によってまったく違うということを、理解する必要があります。

そこで、以下の事項を確認し、最低でも3社から見積りを取りましょう。

①廃棄物についてどのように処理をするのか。

②お金や貴重品の扱いについてどうするのか。（写真上）

③家族が確認できていない場所の仕分け作業を、仕分けをしながら対応してもらえるのか。

④万が一、業者の過失による損害が出たときの対応は。

⑤仏壇や人形など、ゴミとして出しにくい品々を供養してもらえるのか。（写真下）

見積りのときに金額だけを伝えるのではなく、作業方法や時間、人数、近隣へのあいさつなど細かい説明ができる業者であることが大切だと思います。

片づけは業者のモラルが問われる

回収した仏壇などの合同供養の様子

作業実例

「大阪府　ゴミ屋敷清掃」ワンルーム　作業代：160,000円（税別）

セルフネグレクトの方のゴミ屋敷でしたが、本が非常に多く、資源として回収できました。
そのため実際の作業代は他社の見積り金額の半分以下で作業することができました。

玄関のゴミを越えて室内に入る（左）

「大阪府　遺品整理」平屋2DK　作業代：145,000円（税別）

「物」は多かったのですが、再利用品が多く、処分代を少なくすることができました。

洋　室

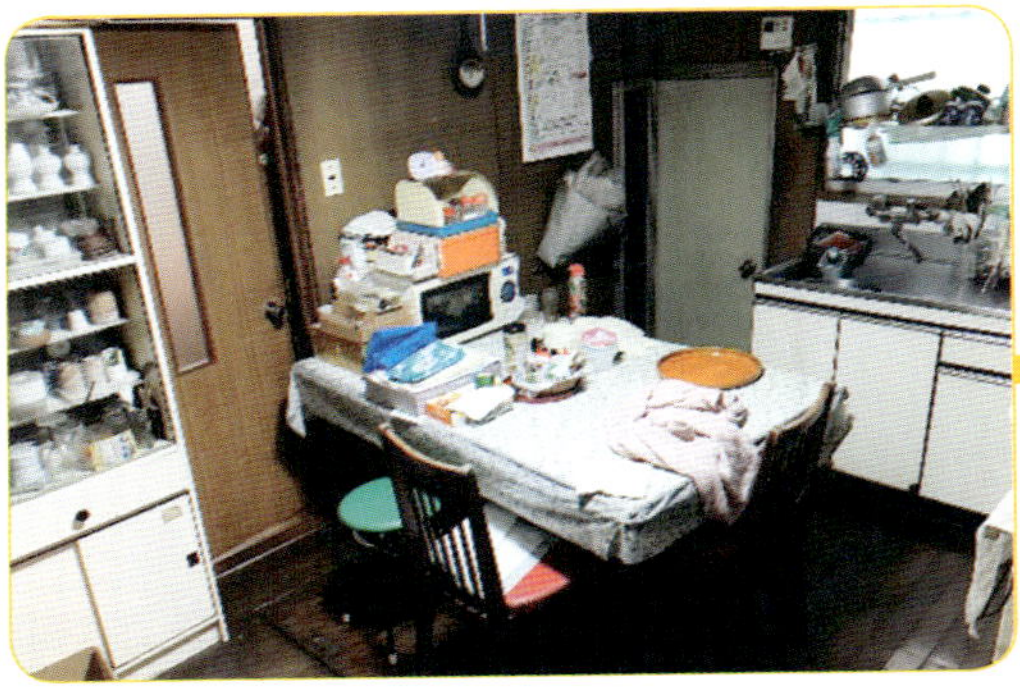

キッチン

地域から孤立する高齢者、ひとり暮らし

超高齢社会になって発展してきた整理業界ですが、その背景には高齢者の孤立、地域コミュニティの崩壊、ゴミ屋敷の増加、空き家対策など、現代社会の問題が強く反映される業界だと感じています。

特に孤立死は深刻で、その件数は年間約3万人と言われています(図表参照)。件数にも驚きますが、そうして亡くなった方の晩年の暮らしぶりにはさらに驚くものがあります。

孤立死された方の居室で思うことは、「つながり」があれば亡くならずにすん

図表）社会的孤立をめぐる最近の動向

■孤立死※が増加(UR都市機構データ)

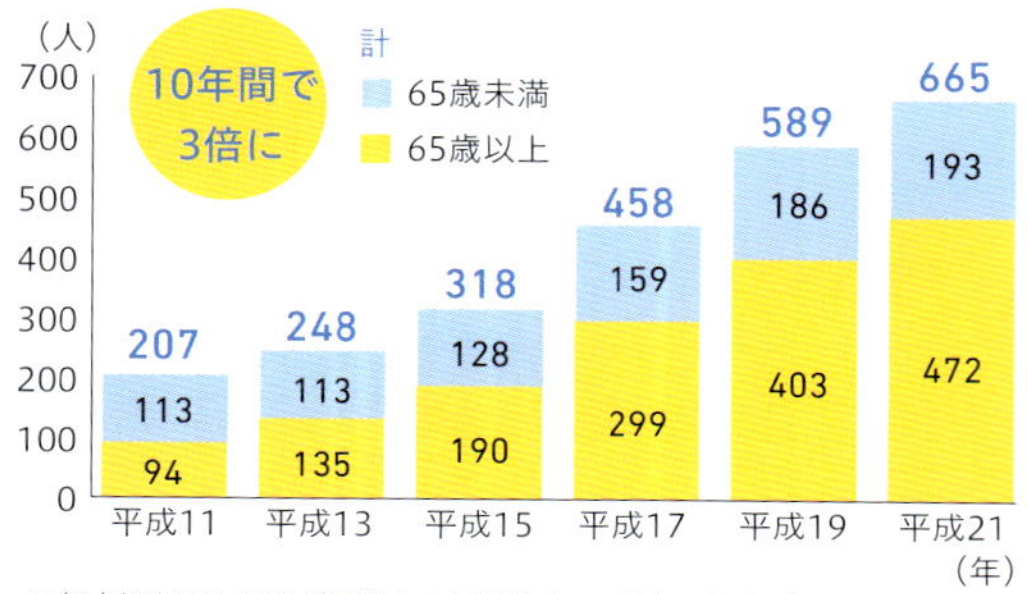

※(独)都市再生機構が運営する賃貸住宅で、単身居住者が誰にも看取られることなく、賃貸住宅内で死亡した件数

■孤立死は年間約3万人(ニッセイ基礎研推計)

↓発見されるまでの日数		発生確率(%)	全国推計(人)
2日以上	全　体	2.95	26,821
	男　性	3.62	16,617
	女　性	2.24	10,205
4日以上	全　体	1.74	15,603
	男　性	2.33	10,622
	女　性	1.10	4,981

※発生確率は東京都23区における孤立死発生確率
※全国推計は全国の65歳以上高齢者の孤立死数推計結果
資料：ニッセイ基礎研究所「セルフ・ネグレクトと孤立死に関する実施把握と地域支援のあり方に関する調査研究報告書(平成22年度厚生労働省老人保健健康増進等事業)」(2011年3月)

出所：ニッセイ基礎研究所 「長寿時代の孤立予防に関する総合研究 ～孤立死3万人時代を迎えて～」

孤立死現場：体液が浸みた床

孤立死現場：生前の食生活、カップ麺容器の山

だのではないか、ということです。

もし誰かが様子を見てくれていたら、きっと病院へ連れて行っただろう。

誰かが部屋をのぞいてくれていたら、自立した生活ができてないと判断して自治体に相談に行っただろう。

居室に満ちるSOSが、誰にもどこにも伝わらない現実に、やるせない思いで整理をしています。


孤立死の8割がセルフネグレクトというデータもあります。ゴミ屋敷で生活されている方も、セルフネグレクトと思われる方が大変多いのです。

セルフネグレクトに陥ると、健康面、衛生面などの管理ができなくなるため、掃除も片づけも到底できる状態ではなくなってきます。ただ、生きるために「飲む」「食べる」しかできなくなっていくのです。

セルフネグレクトによるゴミ屋敷の住人は、放置すると孤立死の危険が高まります。ですが、ゴミ屋敷の状態で

生活ゴミがほとんどのゴミ屋敷

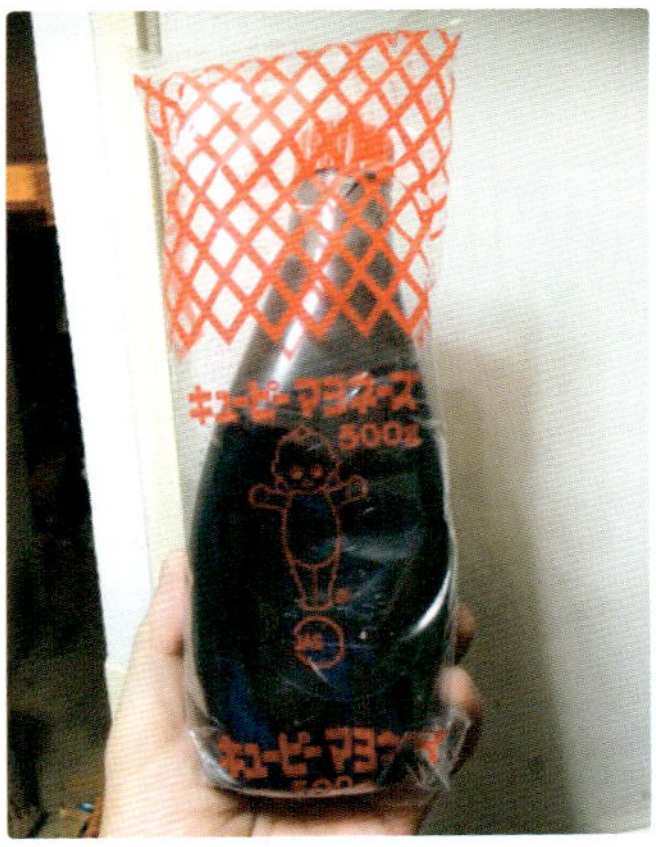

変色したマヨネーズ

生活していることに近隣が気づかないというのも、現代社会の特徴です。これから、ますます高齢者のひとり暮らしが増える社会を迎えるにあたり、私たちの見守り意識も改善していかなければならないでしょう。

孤立死の現場も、セルネグレクトのゴミ屋敷も、部屋はSOSに満ちていて生活が荒れています。近隣の方に話を聞くと、特にあいさつもせずかかわりを拒んでいたような様子をよく聞きます。

果たして本当にかかわりを拒絶していたのでしょうか？　現場にはたくさんの声なき声があふれています。

このような部屋の住人は、「今日から生きるのをやめる」と言って、ある日突然、セルフネグレクトになるのではありません。健全な生活を望みながらも、経済的不安、肉体的衰え、病気、そして地域から孤立した状態になって負けてしまいます。そして、いつのまにかゴミのなかで暮らす毎日になって

いるのです。

「なんで俺はこんな生活をしてるのか！」

「このままじゃだめだ！」

葛藤を続けるも生活を立て直すことができず、最後は「飲む・食べる・排せつする」しかできなくなっていくのです。

「明日もまた生きてやるぞと米を研ぐ」

「さむい　さようなら」

――荒れゆく部屋のなかで「いったい自分は何をしているのか…」ともがき苦しんでいたことが伝わり、とても心が痛みます。


　人はくじけそうになったとき、家族や友人に相談すれば少しは気が紛れたり、前向きな気持ちになります。しかし、身体的な不安、経済的な不安を抱え、地域から孤立した状態で、閉ざされた部屋にいて、それで常に前向きにがんばれるのかと…。

　荒れ果てた部屋を見るたびに、「なんて人は弱いんだろう」と思います。人と人とのつながりがどれほど大切なものなのか、思い知らされます。

　日本はこれからさらに高齢化が進むと言われています。歳をとると自立した生活が少しずつむずかしくなることを想定しておかなければなりません。見守り意識をもって声をかけ合い、誰もが安心して暮らせる地域社会をつくることが求められていると、強く感じます。

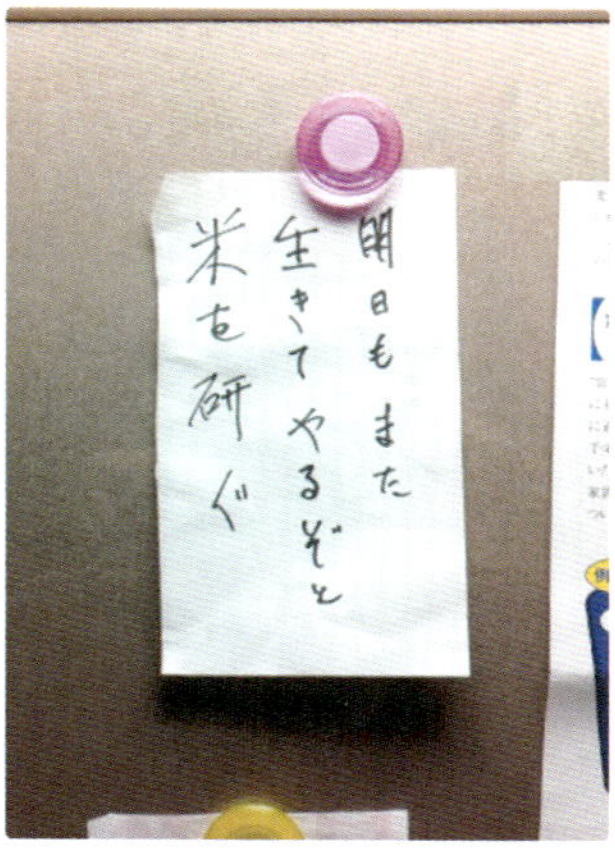

ダイイングメッセージ

遺品整理を終えて最後の清掃
静かな佇まいがよみがえる

Column 4

「孤独死」と「孤立死」

「孤独死」という言葉は、核家族化が進んだ1970年代、ひとり暮らしの高齢者が、死後かなりの時間がたって発見されたという事件から繰り返し使われるようになりました。当時は、「人が多い都会なのに、なぜ？」…という逆説的なイメージで語られていました。今では、都会はむしろ「無縁社会」という言葉に表され、地域コミュニティの希薄さ、近隣からの孤立がクローズアップされています。

こうした背景を受け、行政機関は「孤立死」という言葉を使いはじめました。内閣府は、『平成22年度版高齢社会白書』において「誰にも看取られることなく息を引き取り、その後、相当期間放置されるような悲惨な『孤立死（孤独死）』の事例が…」という表現を用いて、65歳以上ひとり暮らしの自宅での死亡者数が増加傾向にあると言及しています。

「孤独死」「孤立死」には未だ明確な定義はないようですが、「孤独死」のほうがより広い概念として使われています。たとえば、死後すぐに親族に発見された場合でも「孤独死」という言葉を使います。一方、「孤立死」は「孤独死」のなかでも際立って孤独であり、周辺社会とは無縁なまま亡くなり放置されたことをうかがわせる表現になっています。

本書では、「孤独死」も「孤立死」も併用していますが、セルフネグレクトについては「孤立死」という言葉があてはまるでしょう。

現代は、高齢者だけでなく、中高年、若者にも「孤立死」が増えつつあると言われます。「孤立死」は、現代社会で独り生き抜くことがどれほど厳しい現実となって自身に襲いかかるのか、深く考えさせられます。

VOICE

スタッフの声

Q なぜ、この仕事をしようと思ったか？

誰かがしなければならないこと。入り口は特殊清掃でした。ふと気になり調べてみると、高齢化や核家族化に伴い独居の方が増え、孤独死が社会問題になっている現実に突きあたりました。その社会問題の先には、遺された遺品の整理があり、遺品整理という職業があることをこのとき初めて知りました。

それからは、常に頭のどこかにこの職業に対する興味がありました。好奇心ではなく、直接的に人の手助けになるのではと。父の死をきっかけに転職を決意しました。

Q この仕事を通じて感じること、または自分自身が変わったこと

当然ですが、家庭により事情は異なり、遺族の方の想いや整理の方法などは多種多様になります。一言で遺品整理といっても、その内容は十人十色、実にさまざまです。どんな場面でもお客様の立場を考え、想いに応えられるよう日々精進しています。この仕事に就く以前より、人の心に寄り添えるようになった気がしています。

Q いわゆる3K（汚い、きつい、危険）的な要素が高いこの仕事に対するモチベーションは何ですか？

危険はなるべく避けたいところではありますが、リスクマネジメントを行いながら、最小限のリスクで業務に取り組むよう心がけています。汚い、きつい、誰もがそう感じる現場を無事に終えることができたとき、お客様に喜んでいただけたとき、達成感はすごいです。そのため、3K要素を考えると逆にやる気につながるような気がします。

坂田 竜一さん

Q なぜ、この仕事をしようと思ったか？

この会社に入る前に名古屋でゴミ屋敷のニュースを見たことがあり、興味があって現場に足を運んだことがあります。

冬になろうかという季節に、住人の方が部屋のなかで寝るところがないのか、家の前の道路に寝ている姿を見ました。

まわりにも住宅が建ち並ぶなか、この劣悪な環境は何とかしたいという気持ちがわき起こり、この業界に飛び込みました。

Q この仕事を通じて感じること、または自分自身が変わったこと

この仕事をしていると、初対面の方に接したり、お客様との会話が多く、今まで自分自身が人見知りだったのが、少しずつ変わってきていると感じています。

特に、親に対する想いが深まりました。いつか、自分の親の遺品整理をする時期がきたり、場合によっては特殊清掃をすることだってあるかもしれないと思うと、親を大切にしようと感じるようになりました。

Q いわゆる3K（汚い、きつい、危険）的な要素が高いこの仕事に対するモチベーションは何ですか？

仕事をしていくなかで、つらいことがあってあたりまえだと思っています。当然ですが、人が生活する上で何らかの臭いが発生すると思いますし、孤独死された部屋には死臭が漂っています。ですが、誰かがしないといけない仕事だというモチベーションをもっていますので、着々と作業を進める自分がいます。

早くまわりの方々の不快感を和らげたく思っています。

西崎　遼さん

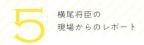

Q なぜ、この仕事をしようと思ったか?

福祉関係の仕事に興味があり、いろいろ調べているなかで遺品整理という知らない言葉と出会い、「経験してみたい！」につながりました。

体力にも自信があったので、ぜひ挑戦したいと思いました。

Q この仕事を通じて感じること、または自分自身が変わったこと

毎日毎日がお客様も作業内容もまったく違う現場で、お客様の求めることをキャッチできるよう心がけています。普段の生活でも初めて会う人と話をする際は、そういった部分を気にしているように感じます。

変わったことは、こまめに自分の家を片づけるようになったことや、掃除をはじめると徹底的にしてしまうので時間がかかってしまうことです。

ほかに大きく変わったことは、両親との距離が近くなったと思います。依頼者のなかには家族と疎遠になり、親や親戚が孤独死されたという方もいます。そんな方からよく聞くのが、「もっと連絡を取っておけばよかった」という声です。それからは、実家に帰ったり、親に連絡をすることが増えたと思います。

Q いわゆる3K(汚い、きつい、危険)的な要素が高いこの仕事に対するモチベーションは何ですか?

いちばんは、お客様の喜んでいただいた顔を見たり、声をいただいたときです。荷物を整理するだけではなく、ご本人・ご家族の心の整理まで寄り添えるよう努力しています。メモリーズに依頼して良かったというお客様の声が聞けると、明日もがんばろうという気持ちになれます。

また、きつい現場を終え、自宅に帰ったときに妻と子どもから「今日も1日お疲れさま」と言われたとき、自分一人で生きているのではない、家族のためにも明日もがんばらないと、という気持ちになります。

金島 祐介さん

あなたは
どのタイプ？

タイプ別 ゴミ屋敷診断チャート

memory 6

ゴミ出しにも社会的支援が必要 自治体の取り組みはなかなか 進まず…

「物」が置かれた状態をよく見ると、その暮らしに社会的支援が必要かどうかを教えてくれます。少しの支援さえあれば、暮らしが荒んでいくことを防いでくれる場合も多いのです。

みなさんの家の「物」はどういう状態で置かれていますか。一度、写真を撮って客観的に見てみませんか。そして、「物」の片づけ方を考え直しましょう。上手に片づけたつもりが、倉庫屋敷をつくることになってしまうかもしれませんから･･･。

あなたはどのタイプ？

タイプ別ゴミ屋敷診断チャート

監修：京都府立医科大学大学院　医学研究科
精神機能病態学　松岡照之

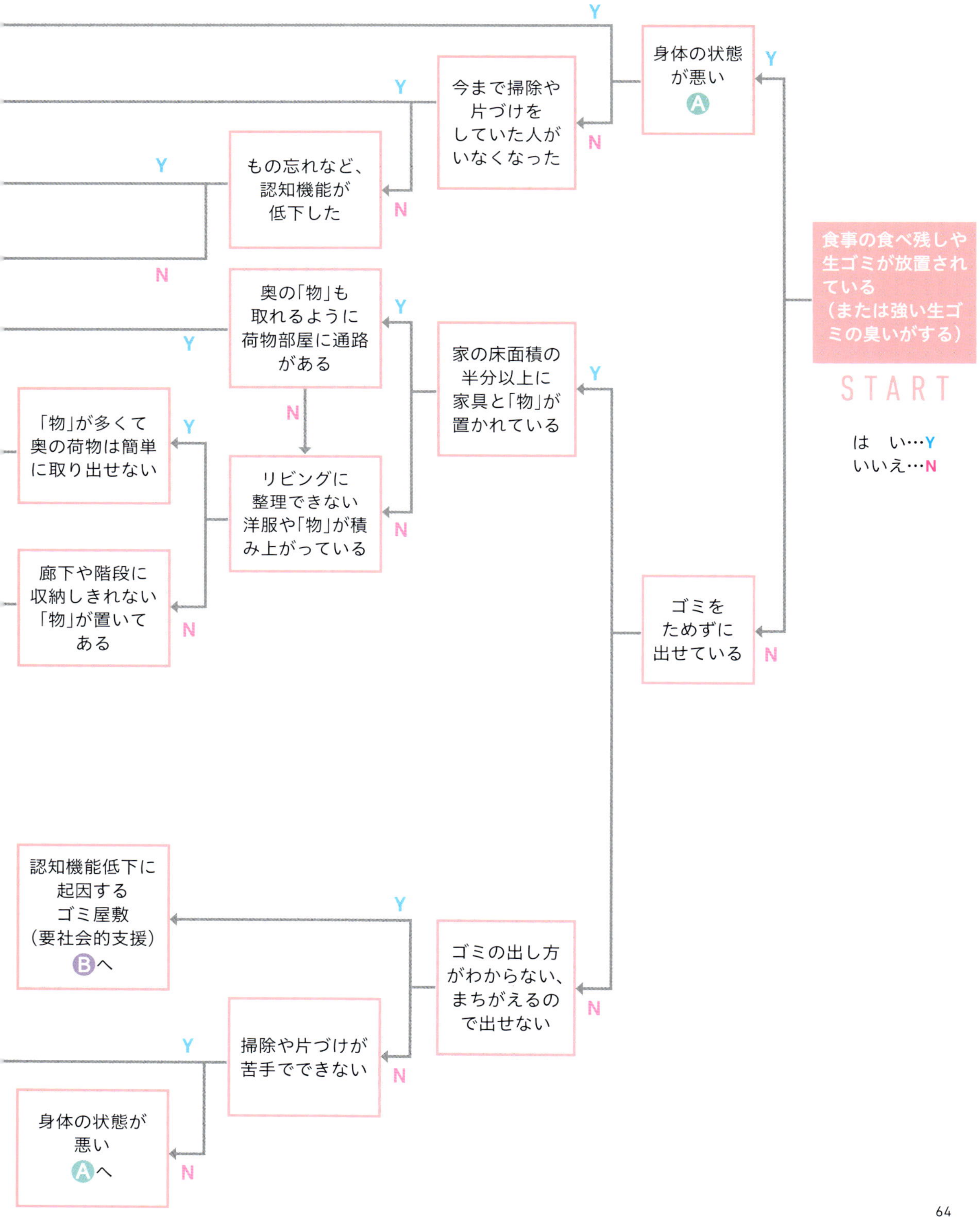

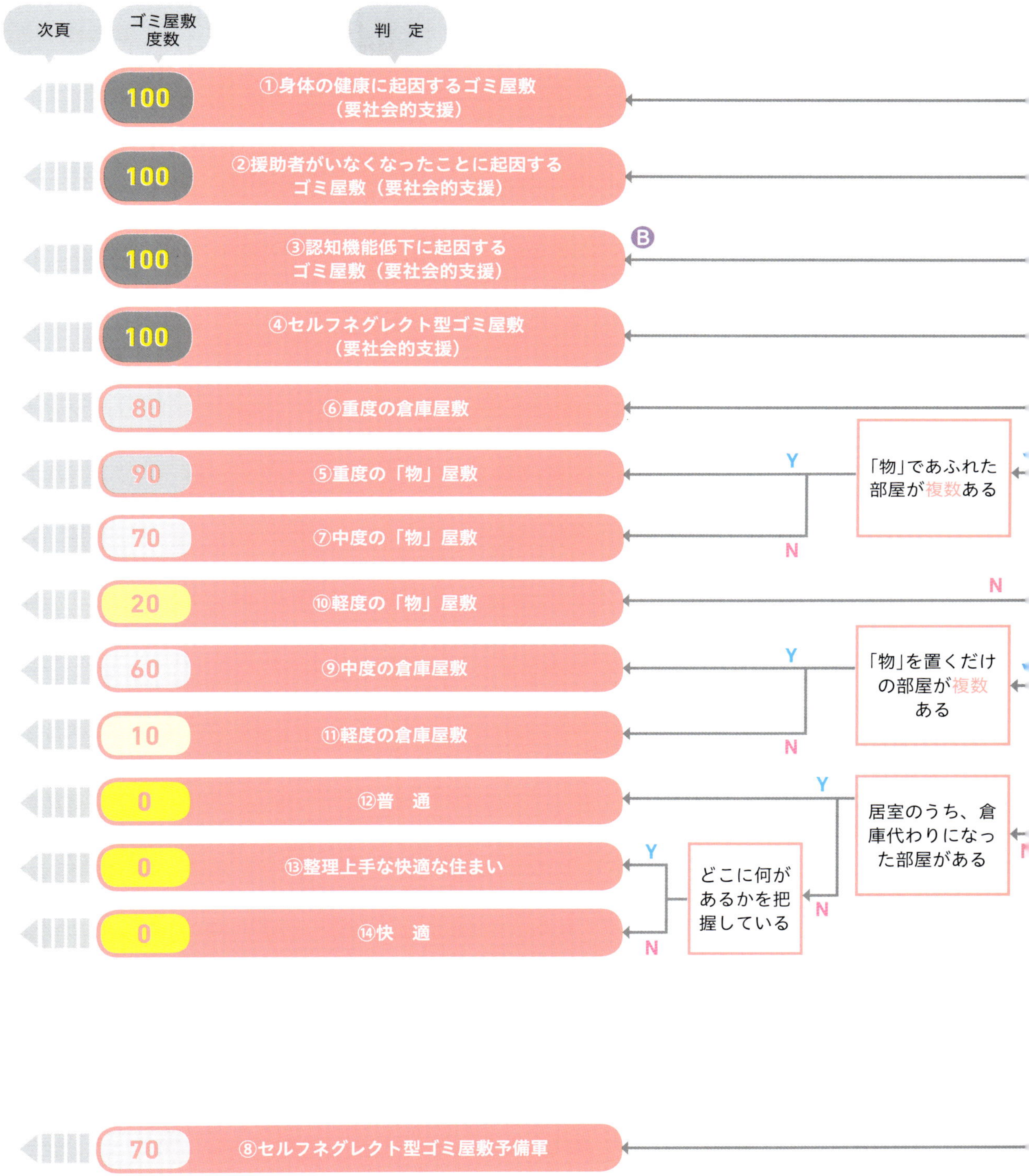
次頁
ゴミ屋敷度数
判　定
100 ①身体の健康に起因するゴミ屋敷（要社会的支援）
100 ②援助者がいなくなったことに起因するゴミ屋敷（要社会的支援）
B
100 ③認知機能低下に起因するゴミ屋敷（要社会的支援）
100 ④セルフネグレクト型ゴミ屋敷（要社会的支援）
80 ⑥重度の倉庫屋敷
90 ⑤重度の「物」屋敷
70 ⑦中度の「物」屋敷
20 ⑩軽度の「物」屋敷
60 ⑨中度の倉庫屋敷
10 ⑪軽度の倉庫屋敷
0 ⑫普　通
0 ⑬整理上手な快適な住まい
0 ⑭快　適
「物」であふれた部屋が複数ある
「物」を置くだけの部屋が複数ある
居室のうち、倉庫代わりになった部屋がある
どこに何があるかを把握している
Y
N
70 ⑧セルフネグレクト型ゴミ屋敷予備軍

判定別の様子

100

①身体の健康に起因するゴミ屋敷

身体能力の低下に起因するゴミ屋敷状態。本人だけでは解決できないことが多い。（要社会的支援）

100

②援助者がいなくなったことに起因するゴミ屋敷

面倒を見ていた親や配偶者などの入院や亡くなったことが要因。本人だけでは解決できない。（要社会的支援）

100

③認知機能低下に起因するゴミ屋敷

認知能力の低下でゴミ屋敷になった可能性がある。本人だけでは解決できない。（要社会的支援）

100

④セルフネグレクト型ゴミ屋敷

何かのストレスが要因でゴミ屋敷になった可能性がある。（要社会的支援）

90

⑤重度の「物」屋敷

生活スペースに「物」がいっぱいで生活に支障がある。

80

⑥重度の倉庫屋敷

整理された状態であるが、生活スペースより「物」のスペースが多い。

70

⑦中度の「物」屋敷

「物」が多くて生活に支障がある。

70

⑧セルフネグレクト型ゴミ屋敷予備軍

子どものときから片づけが苦手。

⑨ 中度の倉庫屋敷
整理されているが、「物」が多くて生活に支障がある。

⑩ 軽度の「物」屋敷
必要な「物」が見つけにくい状態。

⑪ 軽度の倉庫屋敷
普段の生活には困らないが転倒リスクがある。

⑫ 普通
整理整頓する余地はあるが、生活には困らない。

⑬ 整理上手な快適な住まい
押し入れやクローゼットにも余裕がある。

⑭ 快適
快適な住まい。「物」は収納され、管理されている。

「高齢者のゴミ出し支援」について

「高齢者のゴミ出し支援」とは、自治体がゴミ出しが困難な高齢者などに代わり、玄関先からゴミ集積所やクリーンセンターまでゴミを運搬する取り組みです。

しかし、費用や体制上の問題があり、全国では政令指定都市を中心に2割強の自治体での実施に留まっています（国立環境研究所調査より）。

ここでは、実施されている自治体の事例を紹介します。

横浜市の場合

「横浜市ふれあい収集実施要綱」に基づき、対象者宅の敷地内や玄関先から直接ゴミを収集します。

このゴミ出し支援では、収集時にゴミが出されていない場合など、安否確認のためにインターホンなどで声かけを実施します。

ゴミ出し支援の利用は、次のいずれかに該当し、ご家族や身近な人の協力が困難で、自ら家庭ゴミを集積所まで持ち出すことができないひとり暮らしの方を対象にしています。

なお、同居者がいる場合でも、同居者が次のいずれかに該当する場合は、対象となります。

1 身体障害者手帳の交付を受けている方
2 愛の手帳の交付を受けている方
3 精神障害者保健福祉手帳の交付を受けている方
4 介護保険の要介護（要支援）認定を受けている方
5 ゴミを持ち出すことができない65歳以上の方

支援が必要な方は、資源循環局事務所にある申込書にて申し込みます。

事前に担当者がご自宅にうかがい、対象者に該当するかどうか確認の上、実施されます。

確認には、ケアマネジャーが同席する場合が多く、福祉部門との連携がはかられています。

横浜市の場合は自治体が直接ゴミ出し支援を行っていますが、ＮＰＯ法人や地域の老人会などの団体が実施し、自治体が補助金を支出している場合もあります。

ゴミの分別はできるけど、集積所まで運べない方は、お住まいの自治体のゴミ部局に相談しましょう。

「ゴミ屋敷対策支援」について

生活意欲がなくなったひとり暮らしの高齢者は、早朝のゴミ出しもむずかしくなり、自宅にゴミをため込むようになる場合があります。これがゴミ屋敷のスタートです。

高齢者のひとり暮らしが増えつつある今、ゴミ屋敷も増えることが懸念されますが、その対応は自治体任せになっているのが現状です。では、どのような対応を自治体が行っているのでしょうか？

京都市の場合

京都市では、「京都市不良な生活環境を解消するための支援及び措置に関する条例」に基づいて対応しています。

周辺住民からの相談や通報、福祉事務所や保健所・消防署・警察などによる訪問活動で高齢者の状況が判明した場合、市が調査を行い、支援が必要と判定すると本人と協議の上、清掃作業なども実施されています。しかし、本人が調査を拒否することもあり、解決まで相当の時間を要しているのが実体です。

ひとり暮らしであっても、友だちの訪問がある家ではこのようなことはほとんど発生しません。人とのつながりは、本当に大切です。

一人で孤立してしまう前に、経済的な余裕のあるうちに、家事支援サービスなどの事業者を利用し、部屋の整理や不用品の処分を行い、身軽な暮らしに変化させていきましょう。

もし、ゴミが増えて自分の手に負えなくなったら、ゴミにうずもれる前に、地域包括支援センターや社会福祉協議会などに相談してみましょう。

自治体の責務！ ――住人の自己責任を問う前に

京都市は、平成26年11月11日、「京都市不良な生活環境を解消するための支援及び措置に関する条例」を公布しました。少し、見てみましょう。

第1条には、「この条例は，不良な生活環境を解消するための支援及び措置に関し必要な事項を定めることにより，その状態の解消を推進し，もって要支援者が抱える生活上の諸課題の解決，市民の安心かつ安全で快適な生活環境の確保及び市民が相互に支え合う地域社会の構築に寄与する」と目的が書かれています。

第2条の（2）では、不良な生活環境を「建築物等における物の堆積又は放置，多数の動物の飼育，これらへの給餌又は給水，雑草の繁茂等により，当該建築物等における生活環境又はその周囲の生活環境が衛生上，防災上又は防犯上支障が生じる程度に不良な状態をいう」と定義しています。

（3）では、要支援者について「疾病，障害その他の理由により不良な生活環境の解消を自ら行うことができない市民であって，その状態を解消するための支援を要するもの」と定義しています。

第3条では、不良な生活環境の解消についての基本方針を定めています。

（1）できる限り不良な生活環境を生じさせた者が行うこと。

（2）不良な生活環境を生じさせた者のみによっては不可能であると認められるときは，本市，自治組織及び関係する行政機関その他の関係者が協力して行うこと。

（3）生活環境の悪化を防止するため，できる限り早期に行うこと。

（4）要支援者が不良な生活環境を生じさせた背景に地域社会における要支援者の孤立その他の生活上の諸課題があることを踏まえ，これらの解決に資するように行うこと。

（5）市民の安心かつ安全で快適な生活環境の確保及び市民が相互に支え合う地域社会の構築に寄与するように行うこと。

そして、第4条では市が「不良な生活環境の解消を推進しなければならない」とし、第5条の2では市民が「不良な生活環境を生じさせたときは，速やかにその状態の解消に努めなければならない」とし、さらに、第6条では自治組織（いわゆる町内会）も「不良な生活環境を解消するための取組に協力」する責務が定められています。

で、私たち市民は、具体的にはどうすればいいのかな…と読み進めていたら、第8条にこう書かれていました。

「本市は，不良な生活環境を解消するための取組みについて，要支援者または自治組織からの相談に応じ，これらのものに対し，必要な情報の提供及び助言を行わなければならない」と。

ということで、「物」が多すぎると思ったら、「倉庫屋敷」っぽいと思ったら、さっさと自治体に相談しましょう。本格的な「ゴミ屋敷」になる前に、早期相談、早期対応が大切です。

Column 5

ゴミ屋敷は、原因に焦点を！

—ゴミ屋敷は、「怠け者」だからではない—

ゴミ屋敷になってしまうのはなぜでしょうか。「怠け者」だから？　しつけや教育がなってないから？　やる気の問題？

私たちがこれまで出会ったゴミ屋敷の住人たちは、とてもまじめな方たちばかりでした。ただ、愛する人を亡くしたり、仕事に失敗したり、誰かに裏切られたりなど、何かのきっかけで気づいたらゴミ屋敷になってしまった、と言われます。そのような場合は、原因がはっきりしています。立ち直るきっかけがあれば、再びゴミ屋敷になることはありません。

一方、そうしたきっかけがなくゴミ屋敷になってしまう方もいます。脳に何らかの障害がある方、精神疾患に悩まれている方などです。そうした方たちのなかには、「片づけられない症候群」と言われる方もいます。

このような症状をもつ方は、年齢には関係なく、一流企業の役員や医師のような社会的地位の高い方でも、「掃除ができない」「片づけられない」「ゴミの判別ができない」「ゴミの出し方がわからない」といった状況に置かれてしまいます。

本人も、自分では片づけられないという自覚があるのですが、どうすることもできません。ですから、多くの場合は家族など身近な方が生活のフォローをしています。心配なのは、そうしたフォローの手がなくなった場合です。たとえばご夫婦の場合、パートナーを亡くされたあと、一気にゴミ屋敷に突き進みます。

一口にゴミ屋敷とは言っても、そうなった原因をきちんと把握することが重要です。原因が違えば、対応の仕方も異なります。単純に、「片づけてください」ではすまされない場合があることも知っておきたいと思います。

なお、高齢の方なら介護保険の範疇で、若い方なら障害者支援の範疇で、継続的な対応につながる場合もあるようです。一度、自治体や地域包括支援センターに相談することも大切です。

Column 6

金木犀も大木になる！

遠くからみると……大木に

太陽に向かって上へ、上へ

中庭に植えた金木犀

秋には、小さなオレンジ色の花と甘い香りで楽しませてくれる金木犀。

とても大きな木になって手がつけられなくなることがあります。

この写真は家の中庭の金木犀が、2階の大屋根を超えたサイズになってしまっています。

植木屋さんでも、簡単に処分できません。

庭木は、金木犀に限らず、手の届く高さにしておくことがおすすめです。あるいは、元気なうちに低木樹に植え替えるのもいいかもしれません。

暮らしのなかの「物」とともに考える「10の基本ケア」

memory 7

「10の基本ケア」という介護のスキル、ご存じでしょうか。これは、社会福祉法人協同福祉会特別養護老人ホームあすなら苑（奈良県大和郡山市）の実践から生まれたスキルです（※1）。とても先進的な実践で、あすなら苑の入居者は誰もオムツをしていません。「オムツがあたりまえ」の介護ではなく、「オムツ外し」を成功させて高齢者の要介護度を改善している、そんな実践です。

どんなものなのか、さっそく「10の基本ケア」講座を受けに行きました。そこには、「生活リハビリ（※2）」という考え方が貫かれています。暮らしに直結しています。そこで思いました。これは、私たち誰もが元気なうちから知っておきたい考え方、実践すべきスキルではないかと…。介護福祉士やヘルパーさんなど専門職のためだけに終わらせたのではもったいない！

そこで、暮らしのなかの「物」と、やがて迎える高齢期とのかかわりから、「10の基本ケア」をどのように暮らしに取り入れたらよいのか、考えてみました。

※1　あすなら苑の実践「あすなら10の基本ケア®」をわかりやすくまとめた『あなたの大切な人を寝たきりにさせないための介護の基本　あすなら苑が挑戦する「10の基本ケア」』『人間力回復 地域包括ケア時代の「10の基本ケア」と実践100』（クリエイツかもがわ）があります。『「10の基本ケア」がめざす老後、生協がめざす社会』、『社会福祉法人 協同福祉会の実践―ならコープ組合員の想いを携えて』（くらしと協同の研究所）でも紹介されています。ぜひ、お読みください。

※2　生活リハビリは、介護技術の一つです。暮らしに適ったリハビリテーションで、生活リハビリテーションの略語です。要介護高齢者の現存機能を生かし、普段の生活を通してそれを維持し、さらには機能の向上をめざします。理学療法士の三好春樹さんが提唱し、今では全国の高齢者施設や事業所など介護現場で大きな成果を上げています。

1 換気をする

窓を開けて、新鮮な空気を吸いましょう。新鮮な空気は感染症予防に大切です（※3）。新鮮な空気を通して、四季折々の草花、陽光、風を肌で感じ、窓の外の世界とつながる身体感覚を常に保ちましょう。

消臭剤でごまかさないでください。

ところで、みなさんの家の窓は、すべて自分で開け閉めができますか。「物」がじゃまになって、長い間、閉めっ放しの窓はありませんか。窓際に、不用意に「物」が積まれていませんか。

ぜひ、窓の開け閉めがしやすい室内環境を整え、元気なうちから開け閉めを日課にしましょう。そうして、換気と生活のリズムを保ちたいと思います。

※3 19世紀に活躍した看護師、F・ナイチンゲールが著した『看護覚え書』の第1章に「換気と保温」が記されています。換気は、健康のための基本なんですね。

2 床に足をつけて座る

「座る」は、日常生活でも多く繰り返される動作です。その前後には、「立つ」「歩く」などの連続する動作があります。食事のときにはイスに座ります。排せつのときにはトイレに行って座ります。このように、「座る」は目的のある行動につながっています。立っている状態から座り、座った状態から自力で立つという動作は、身体機能を保つ鍵になっているようです。

さて、自力で立つには、足の裏がしっかりと床につき、そこに体重が乗らなければなりません。足の裏への刺激は骨芽細胞の形成を促し、骨の衰えを防ぐと言われます（※4）。そこで、自宅のイス。足の裏がしっかりと床につく高さでしょうか。家具を買い替える機会があれば、そんなことも意識しましょう。

人間は座っている姿勢から立つとき、自然と足を引き、頭を前方に出して体重移動をしています。このとき、手のひらをつくことのできる台やテーブルがあれば姿勢が安定します。床に足の裏をつけ、テーブルに手のひらをついて「よっこいしょ」。高齢期を迎えたら、この動作を日に何度となく意識して繰り返しながら現存機能を保ちたいものです。

さて、フカフカのソファに一日中もたれている高齢者を見かけることはありませんか。フカフカのソファは、「足を引いて・手のひらをついて・頭を前方に出して立つ」という動作がとてもしにくいものです。足腰や腹筋の力が衰えた高齢者の場合、ソファに座ったまま立ち上がれなくなってしまうリスクも知っておきましょう。

利用者の膝から下の長さに合わせて座面の高さが異なるイス（特別養護老人ホームあすなら苑で）

※4 「人体」をテーマにしたテレビ番組では、自転車競技の選手が簡単に骨折してしまった事例が紹介されていました。なんと、20代の若さで骨粗鬆症…。普段から自転車に乗っている時間が長く、日常生活で足の裏を床につくことが少なかったことに起因するそうです。

3 トイレに座る

「座る・立つ・歩く」ができれば、自力でトイレに行くことができます。排せつの自立は、人としての尊厳を保つためにも欠かすことができませせん。その機能が失われないよう、トイレまで行き来しやすい室内環境を整えておきたいものです。つまずきそうな「物」は片づけたり、手のひらをつくのにちょうどよい「物」があればあえて置いてみたり…。介護保険を利用して室内環境を整える際には、ケアマネジャーともよく相談してみてください。

排せつの自立は自信につながります。この自信が、ちょっとした旅行や外出を継続させ、高齢期の社会参加を保ち、たとえ要介護であってもその重度化を予防することになるのです。

特別養護老人ホームあすなら苑のトイレには、手のひらをついて安定的な姿勢を保ちながら体重移動できるよう、特注のテーブル（ファンレストテーブル）を備えています。そうして、「オムツが前提の介護をしない」を徹底。入居者全員、オムツ外しに成功しました。

手をつくためのファンレストテーブル

4 あたたかい食事をする

次は、テーブルの高さを考えてみましょう。

できたての料理。おいしそうな匂いがします。あたたかい湯気が立ちます。私たちは、自然にお箸をのばして、料理を口に運びます。高齢になっても要介護になっても、このあたりまえを保つことが「食べたい」を支えます。

「食べたい」は「生きる」――主体的な意思です。その意思を支えるために、イスに座ったとき少し前かがみになり、料理を見て「おいしそう」と思える、そんなテーブルの高さを意識しましょう。前かがみは、嚥下（※5）をしやすくする姿勢でもあるのです。前かがみを自然と生み出すテーブルの高さは、肘よりわずかに低いくらいがいいそうです。

できれば、家族や親しい友人と集まって楽しく食べたいものです。孤食より共食。楽しく食べる時間は、人と人との交流を生み、社会性の保持につながります。

ところで、車イスに座ったまま食事をしている方を時々見かけませんか。車イスの形状は、食事用ではありません。ぜひ、食卓のイスに座って食べましょう。「寝たきり」にさせないのと同様、車イスに「座りきり」もよくありません。日常生活のあらゆる動作において、足の裏に体重を乗せる機会を、若いうちから大切にしたいものです。

気道（空気が通る道）と食道（食べ物が通る道）の位置を横から見てみます。気道は食道よりも前にあります。気道に蓋（喉頭蓋《こうとうがい》）がついていて、食べ物が入り込まないようになっています。

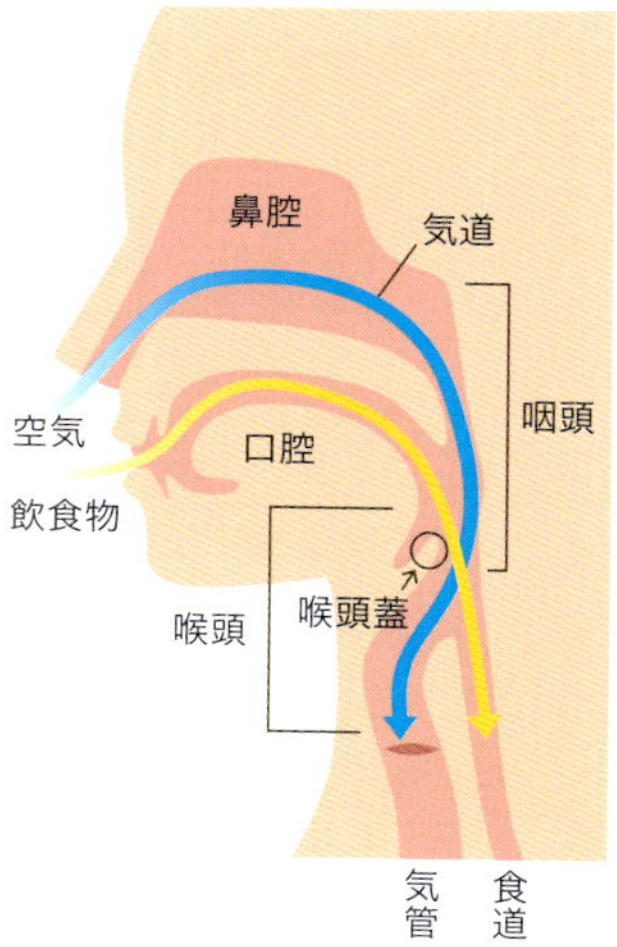

※5　嚥下（えんげ）は「ごっくん」と飲み込むことです。要介護者への食事介助の際には、口のなかの食べ物をちゃんと飲み込めたかどうかを確認することがとても大切です。高齢になると、飲み込む力も少しずつ衰えていきます。

5 家庭浴に入る

日本人には、湯船に浸かるという文化があります。お湯に浸かって「あ〜、気持ちいい」が大切です。シャワーや清拭で、清潔さえ保てばよいというものではありません。

毎日、湯船に浸かっている人と、そう

でない人とでは、湯船に浸かっている人のほうが要介護リスクが低いという研究（※６）もあります。友人と温泉に行くもよし、デイサービスのお風呂に入るもよし。自力で入れるうちは、自宅のお風呂でもゆっくりと湯船に浸かりましょう。

自宅のお風呂も、「底に足の裏がつく」が大切です。肩まで入って膝が曲がるくらいの、少々狭い浴槽がちょうどいいのではないでしょうか。これは、入浴中の溺死を防ぐためにも有効です。

また、洗い場のシャワーチェアも、膝から下の長さに合わせられるといいですね。

※６ 千葉大学などの研究チームが、浴槽入浴の回数と要介護の関係を調査しました。週に７回以上湯船に浸かる人は、そうでない人に比べて要介護になるリスクが３割も減るそうです（図参照）。

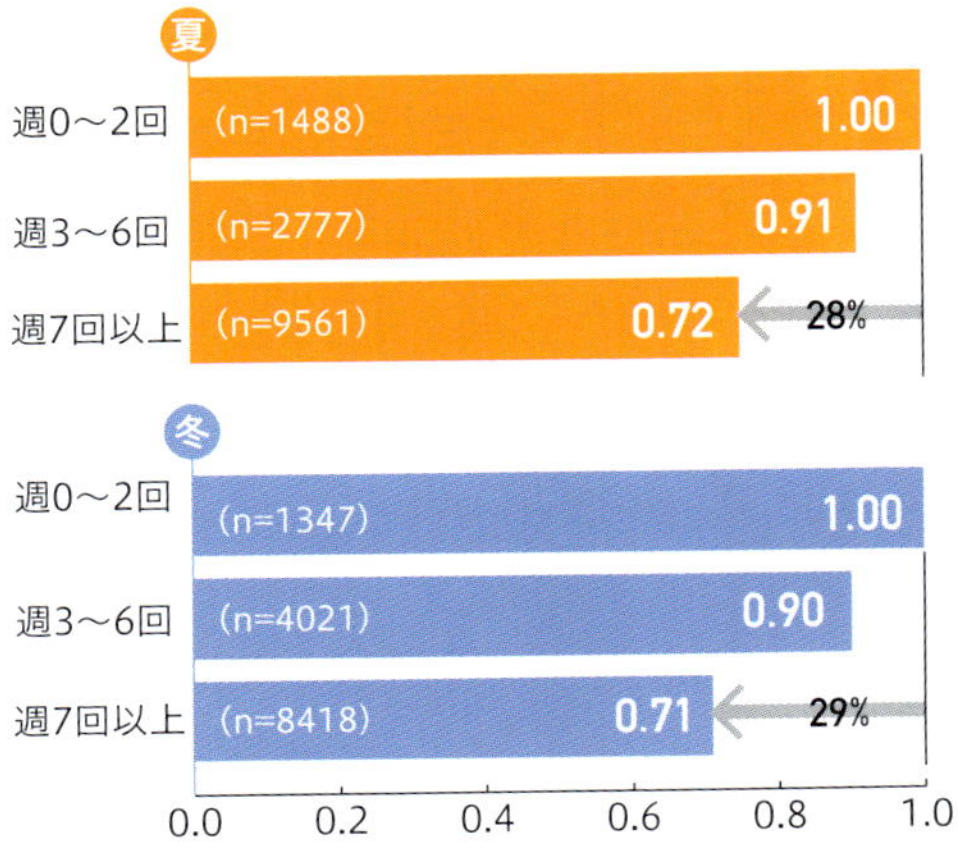

図）要介護認定を受けていない高齢者13,786人を3年間追跡調査した結果

出所：千葉大学報道発表　No.157-18-20（2018年11月）

6 座って会話をする

ゆっくり会話を楽しむためにも、まずは座りましょう。寝たきりや、立ったままの姿勢では、会話も長続きしません。お互いに、同じ高さの目線になって、お茶を飲みながら（水分補給＝脱水予防）、お菓子をつまみながら（エネルギーを補給）、ワイワイガヤガヤ。

会話に伴う身振り手振りは、ＡＤＬ（日常生活動作）を保つためにも大切です。声を出す・言葉を発する構音（※７）という機能も同じです。歳とともに人と会話をする機会が減ると、声を出す筋肉も衰えます。ちゃんと話しているつもりでも、聞きとりにくい言葉になっているかもしれません。家族や友人との会話は、知らず知らずのうちにセルフケア、相互ケアをしていることになるんですね。

※７ 構音（こうおん）とは、文字通り「音を構成する」ことです。口や喉、声帯などの周辺の筋肉がこの機能を支えます。介護予防には、足腰の筋力だけでなく、おしゃべりの筋力も大切に。

7 町内にお出かけをする

元気なうちはもちろん、要介護になっても、定期的に外出しましょう。自宅でも、施設でも、そこに閉じこもっていては社会性を失ってしまいます。

窓を開け、外気を入れましょう。玄関を開けて、外へ出ましょう。介護は、室内で介助してもらうことだけではありません。社会とつながってこそ、人とつながってこそ、本当の介護です。

ヘルパーさんにも来てもらいましょう。外出支援で一緒に買い物もしましょう。顔なじみのお店であいさつを交わしましょう。こうした日常が、高齢者の心身の活性化を促します。

一方、他者との交流を遮断してしまうと、セルフネグレクト（※8）や要介護の重度化につながりやすくなります。

SDH（※9）という言葉をご存じでしょうか。「健康の社会的決定要因」と訳されます。その人が置かれた社会環境によって健康が左右されるという研究から生まれた言葉です。社会とのつながりがある人、人と人との交流がある人ほど、要介護リスクが低くなると解釈してもまちがいではないと思います。

※8 セルフネグレクトは、自己放任・自己放棄などと訳されます。孤独死、孤立死の多くはセルフネグレクトと関係が深いと言われています。本書49頁「横尾将臣の現場からのレポート」をお読みください。

※9 SDHは、Social Determinants of Healthの頭文字です。20世紀後半以来、人々の健康状態が、社会的、政治的、経済的、環境的な条件に大きく影響を受けることが明らかになってきました。WHO（世界保健機構）も注目し、専門委員会による最終報告書が出されました（2008年）。病気も障害も要介護も、決して「自己責任」「家族責任」という言葉で片づけてはいけないと思います。

8 夢中になれることをする

定年後の友人の数や趣味の有無が、高齢期の健康を左右するとも言われます。自分らしい暮らしを続けるために、高齢期を迎える前から友人との交流や趣味を意識しておきたいものです。

「子育てが終わったら、〇〇をしょう」「定年になったら、△△をやりたい」などと考えていたこと、ありませんか？家のなかの「物」を片づけていると、昔そろえた趣味の道具に出会うことがあります。新品のままの釣り竿、弦の切れたギター、キャンバスに絵の具。昔観た映画のパンフレットが出てくることもあります。楽しみの再発見です。そんなとき、何でもかんでも古い「物」を処分するのではなく、夢中になれることをするために、昔の「物」とのつきあい方も見直してみましょう。

9 ケア会議をする

もしも要介護になったなら、「ケア会議の主役は私」と心得ておきたいものです。自身の人生を最期までサポートするケアプランにかかわる会議だからです。ところが、要介護になると、多くの方が「迷惑をかけたくない」「お世話になるのは気が引ける」とまわりに遠慮し、自分自身の本当の気持ちを置き去りにしてしまいがちです。

ケア会議は、介護サービスの単なる組み合わせを考える会議ではありません。家族にとって楽な方法を考える会議でもありません。「私が主役」の自立支援、在宅支援を、かかわってくれる多くの人たちとともに考えましょう。それが「私」の尊厳を護ることです。ケア会議も、ぜひ「主役の家」で。

10 ターミナルケアをする

「自宅で最期まで」――このことは、よく希望として語られます。ですが、自分が住んでいた家に最期まで住むというのは当然のこと。希望ではなく、権利です。人はやがて亡くなります。死ぬことを想定していたとしても、生きる権利の行使は最期まで自分自身のものなのです。自身のターミナルをどう迎えるか、高齢期を迎える前から考えておいても早すぎることはありません。

「物」を片づけながら人生を振り返り、自身のターミナルを迎えるにふさわしい室内環境を想像してみるのも悪くないと思います。

「私は、○○のような環境のなかで最期を迎えたいのです」と。

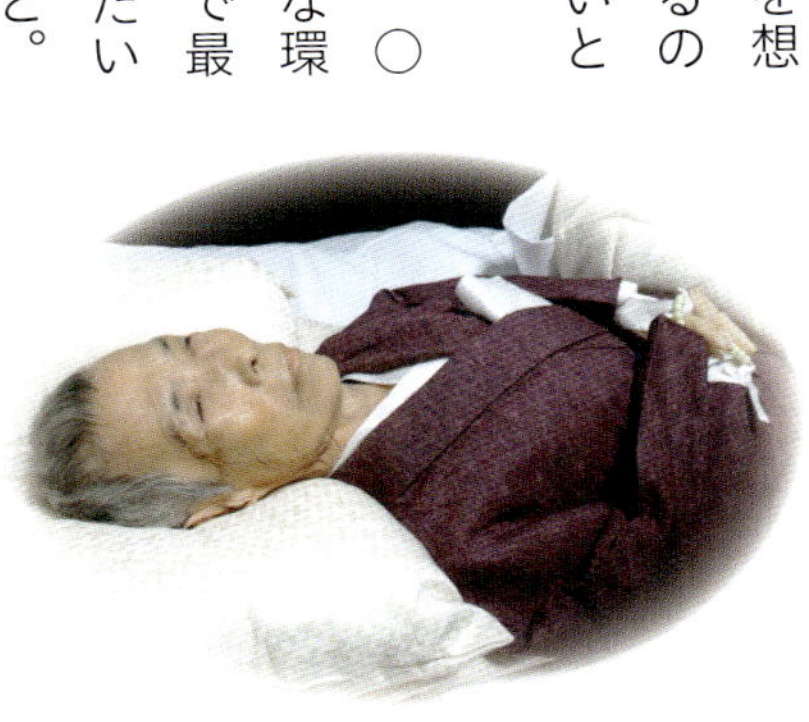

暮らしのなかのターミナル

「延命はいや」という言葉を、よく聞くようになりました。

さて、延命とは、どこからが延命なのでしょうか。延命か否かの判断を迫られたとき、自分自身にその判断能力は残されているでしょうか。救急車で運ばれたとき、意識がないとき、「延命はいや」と言っていたことさえ忘れてしまっているのでは…。いろいろな場合を考えると、私たちは、もう少し死のプロセスを学ぶ必要があるのかもしれません。

「病院で死ぬ」があたりまえになったのは、ほんの半世紀前。高度経済成長の時代だったことは、統計を見ればわかります。「病院で生まれる」もそうでした。人類の長い歴史を考えると、「死ぬ」も「生まれる」も、本来は暮らしのなかの出来事だったんですね。

「生協10の基本ケア®」で暮らしの安全・安心を

みなさん、生協――生活協同組合をご存じだと思います。食の安全・安心を誇る生協です。その生協が、暮らしの安全・安心にも大きな一歩を踏み出してくれました。

全国の生協を束ねる日本生活協同組合連合会は、「あすなら10の基本ケア」スキルの先進性に学び、全国の生協福祉事業部で「生協10の基本ケア」の展開をはじめました（2018年5月22日プレスリリース）。その基本的な考え方として、3つの大切――「尊厳を護る」「自立を支援する」「在宅を支援する」を提唱しています。心強い味方です。

ところで、生協福祉事業部では、福祉用具や介護用品の貸与・販売、使い方の紹介なども行っています。そこで思いました。高齢期に備えて「物」の整理を行うとき、「福祉用具を使うかもしれない」ということも念頭に置いて考えなければいけないと…。

介護ベッドを入れるための部屋の広さ、車イスの動きに必要なスペース、ポータブルトイレを置く場所、手すりの材質や形状、使い勝手を考えた杖など、福祉用具も介護用品も多種多様。生協さんにもケアマネさんにも相談しながら、暮らしにフィットしたものを選びたいと思います。少なくとも、「せっかく買ったのに家では使えない」なんてことがないようにしましょう。

それぞれの生協によって得意とする福祉事業は異なると思いますが、夕食サポート事業や組合員どうしの助け合いの会などもあります。生協を利用するときは、ぜひお近くの生協の組合員さんになってくださいね。要支援・要介護になる前から利用できる事業や参加できる活動がずいぶんあります。買い物の便利のためだけでなく、地域のつながりを育もうとしている生協です。

生協10の基本ケア®

ふだんのくらし、そのままに。

生協がたいせつにしている介護

その1 尊厳を護る　その2 自立を支援　その3 在宅を支援

1 換気をする

病気予防には換気が大切。新鮮な空気を取り入れ、衛生的な環境を守り、感染症を予防します。

2 床に足をつけて座る

日常生活がリハビリという考えの下、足を使って立ち上がる習慣を身につける中で、トイレやお食事などご自分でできることを増やします。

3 トイレに座る

トイレで排泄する事は人間が護るべき尊厳の基本と考えます。布パンツでの暮らしをサポートします。

4 あたたかい食事をする

ご自身で調理して盛りつけたり、親しい方と楽しく食べたり。誤嚥(ごえん)防止のために、食事前には口の体操も行います。

5 家庭浴に入る

湯船にゆったりつかる習慣は日本のすばらしい文化。生活リハビリの効果を生かして家庭浴への入浴を大切にしています。

6 座って会話をする

安心感を与えられるように座って会話をします。共に時間を過ごし、日々の見守りを行います。

7 町内におでかけをする

慣れ親しんだ地域に出かけることは社会性や精神的な豊かさを保つためにも大切なこと。これまでの生活リズムを維持できるようにします。

8 夢中になれることをする

自分らしく、好きなことに夢中になれる機会や、居場所づくりに取り組みます。

9 ケア会議をする

ご自分の街で住み続けられるように、社会性と暮らしを守るケアプランをつくります。職員はチームでケアに取り組み、ご家族を含めサポートします。

10 ターミナルケアをする

元気な時から人生の最期まで、地域との連携でご自宅でのターミナルケアをサポートします。

「生協10の基本ケア®」は、全国の生協で学び合いを通して広がっています。

日本生活協同組合連合会

あとがき

本書を手に取っていただき、ページをめくっていただき、誠にありがとうございます。みなさまは、暮らしにあふれる「物」について、どのように感じられたでしょうか。

私たちの暮らしは、多くの「物」に支えられています。戦後から高度経済成長期、私たちは生きるために「物」を求め、「物」は暮らしの豊かさを表す象徴でもありました。

ところが今、「物」を処分する風潮が広まり、「物」は邪魔者扱いです。ゴミ屋敷がたびたび世間をさわがしては、「物」が孤独な暮らしの象徴にもなってしまいました。

少し、寂しさを感じます。

どんな「物」であっても、誰かが働いた結果、世に送り出された「物」です。多くの人の労働を経て、私たちの暮らしの場にやってきました。確かに、増え過ぎた「物」の整理は必要ですが、せっかくの「物」の寿命も全うしたい――本書の編集を行いながら、「物」の背後にある人々の尊い労働を考えると、そんな気持ちにもなりました。

さて、本書作成にあたっては、多くのみなさまのご協力を必要としました。快く、ご自宅の写真撮影を許してくださったみなさま、ほんとうにありがとうございました。また、故人のお宅では、ご遺族のみなさまからたくさんの写真を提供していただきました。「きょうも行ってみよう会」（京都市）のみなさまにも写真やヒアリングのご協力をいただいております。あらためて、深く感謝を申し上げます。

本書のすいせんメッセージとともにイラストを提供していただいた高月紘先生（京エコロジーセンター館長、京都大学名誉教授、環境漫画家）、タイプ別ゴミ屋敷診断チャートの作成では、松岡照之先生（京都府立医科大学大学院　医学研究科　精神機能病態学）にご協力いただき、適切なアドバイスを頂戴しました。ありがとうございます。

最後になりましたが、クリエイツかもがわの岡田温実さんはじめスタッフのみなさまに感謝申し上げます。研究会参加、調査、ヒアリング、編集会議、たび重なる校正にレイアウト変更など、足掛け2年、根気よくおつきあいいただきました。

「まえがき」でも言及いたしましたように、「物」を既存の整理ブームで考えるのではなく、暮らしのあり方とともに考えて、このようなフォトブックに仕上げました。

少しでも、みなさまのこれからの暮らしを考えるきっかけになれば幸いです。

2019年6月20日

執筆者一同

ご協力いただいた企業・団体

企業・団体のみなさまからは、調査・研究助成、情報提供、写真協力、会場使用など、多くのご支援ご協力をいただきました。ここに深く感謝申し上げます。

（掲載は50音順）

NPO法人オルト・クラブ	大阪府大阪市平野区平野西 6-1-25 E-mail. orthoclub2015@yahoo.co.jp
大阪健康福祉短期大学	大阪府堺市堺区南花田口町2丁3-20　三共堺東ビル6階 http://www.kenko-fukushi.ac.jp/web/
株式会社ダスキン	TEL.0120-100100 https://www.duskin.co.jp/
京都生活協同組合	京都府京都市南区吉祥院石原上川原町1-2 https://www.kyoto.coop/
くらしと協同の研究所	京都府京都市中京区烏丸通二条上る蒔絵屋町258 コープ御所南ビル4階 http://www.kurashitokyodo.jp/
三愛合同会社	京都府京都市北区小山下内河原町 87　503号 E-mail. kazu@kyoto-ai.com
社会福祉法人協同福祉会	奈良県大和郡山市宮堂町160-7 http://www.asunaraen.or.jp/
日本生活協同組合連合会	東京都渋谷区渋谷3-29-8　コーププラザ https://jccu.coop/
メモリーズ株式会社	大阪府堺市堺区緑町2-121-2　TEL. 0120-232-580 https://www.ihin-memories.com/
よどがわ市民生活協同組合	大阪府吹田市幸町4-1 https://www.yodogawa.coop/

監修プロフィール

特定非営利活動法人　コンシューマーズ京都（京都消団連）

1972年7月「京都消費者団体連絡協議会」として発足し、2003年、NPO法人「コンシューマーズ京都」と改名し、個人にも開かれた新しい組織として再出発しました。

消費者問題・暮らし・環境問題にかかわる意識啓発・教育活動・情報提供、調査・研究並びにそれにかかわる提言と消費者市民社会の実現をめざし、会員間の活動を交流するとともに、一般市民に向けての学習の場を設けています。

主な学習啓発活動として、京都府・京都市と連携して毎年開催する「京都消費者大会」「消費者力パワーアップセミナー」や、大学生協の学生を対象とした学習支援を行っています。

また助成事業・委託事業ではなく自主事業として活動課題にそった時事的な話題を学ぶ「烏丸二条連続講座」も開講しています。

京都府京都市中京区烏丸通二条下ル秋野々町529番地　ヒロセビル4F
http://consumers-kyoto.net/

編著者プロフィール

西山 尚幸（にしやま　たかゆき）

1957年、京都府生まれ。1983年京都生活協同組合入協、宅配・店舗・共済の各事業分野、組合員活動に従事。2013年よりNPO法人コンシューマーズ京都（京都消団連）、事務局長として本誌編集に参画。現在、京都生協共済事業部でライフプランを含む暮らしの見直し学習活動の事務局。

川口 啓子（かわぐち　けいこ）

1957年、兵庫県生まれ。1980年大阪府保険医協会入局。1993年立命館大学大学院社会学研究科、1997年東北大学大学院経済学研究科に進学（博士学位取得）。2020年より大阪健康福祉短期大学福祉実践研究センター教授（研究センター長）。介護人材不足が叫ばれる今、「介護には、愛情より根性より知識が大切！」「老いを知り、ケアを学ぶ」をモットーに、大阪府生活協同組合連合会の講座「生協10の基本ケア」に取り組んでいる。

奥谷 和隆（おくたに　かずたか）

1965年、大阪府生まれ。1991年京都生活協同組合入協。商品カタログを作るための編集作業や商品の仕入れを担当する。介護保険外の生活サポートサービス「たのもっと」（現在はサービス中止）を2012年～2018年に担当。担当中に福祉の知識を増やす必要を感じ、2016年に社会福祉士の資格を取得。2019年生協を退職。ソーシャルワーカーとして高齢者社会の問題や福祉事業の問題について、知識と経験を生かして様々なことに取り組んでいる。

横尾 将臣（よこお　まさとみ）

1969年、香川県生まれ。ラガーマンでありサックスプレイヤーという異色の経歴をもつ。祖母が浴室で入浴中に亡くなったことをきっかけに、遺品整理の必要性を感じて起業。遺品整理専門業者メモリーズ株式会社を設立し、現在に至る。遺品整理の現場を通じて高齢者の孤立を減らすには、地域のコミュニティが大切であるという思いを伝えるべく、テレビなどのメディア出演や、講演活動をはじめ、ボランティアなどの社会貢献活動にも精力的に取り組んでいる。

本文イラスト／宮本ジジ

老いる前の整理はじめます！
暮らしと「物」のリアルフォトブック

2019年8月1日　初版発行
2020年4月25日　第3刷発行

監　修●©特定非営利活動法人　コンシューマーズ京都
編著者●　西山尚幸・川口啓子・奥谷和隆・横尾将臣

発行者●田島英二
発行所●株式会社 クリエイツかもがわ
〒601-8382　京都市南区吉祥院石原上川原町 21
電話 075(661)5741　FAX 075(693)6605
http://www.creates-k.co.jp　info@creates-k.co.jp
郵便振替　00990-7-150584

装丁・デザイン●菅田　亮
印刷所●モリモト印刷株式会社
ISBN978-4-86342-263-6　C0036　printed in japan

好評既刊本　　本体価格表示

認知機能障害がある人の支援ハンドブック
当事者の自我を支える対応法

ジェーン・キャッシュ＆ ベアタ・テルシス／編著　訓覇法子／訳

認知症のみならず高次脳機能障害、自閉症スペクトラム、知的障害などは、自立した日常生活を困難にする認知機能障害を招き、注目、注意力、記憶、場所の見当識や言語障害の低下を起こす。

2200円

認知症のパーソンセンタードケア
新しいケアの文化へ

トム・キットウッド／著　高橋誠一／訳

認知症の見方を徹底的に再検討し、「その人らしさ」を尊重するケア実践を理論的に明らかにし、世界の認知症ケアを変革！ 認知症の人を全人的に見ることに基づき、質が高く可能な援助方法を示し、ケアの新しいビジョンを提示。

2600円

認知症ケアこれならできる 50 のヒント
藤本クリニック「もの忘れカフェ」の実践から

2刷

奥村典子・藤本直規／著

藤本クリニックの「もの忘れカフェ」の取り組みをイラストでわかりやすく解説。三大介護の「食事」「排泄」「入浴」をテーマにした、現場に携わる人へ介護のヒントがたくさん。【長谷川和夫先生すいせん】

2000円

認知症の人に寄り添う在宅医療
精神科医による新たな取り組み

平原佐斗司／監修　内田直樹／編著

認知症診療に、在宅医療という新たな選択肢を！ 精神科医や認知症専門医が病院を飛び出すことで、認知症診療に与える新たな可能性とは。認知症在宅医療の最先端を紹介。

2200円

認知症になってもひとりで暮らせる　みんなでつくる「地域包括ケア社会」

社会福祉法人協同福祉会／編

医療から介護へ、施設から在宅への流れが加速する中、これからは在宅（地域）で暮らしていく人が増えていくが、現実には、家族や事業者、ケアマネジャーは要介護者を在宅で最後まで支える確信がないだろう。さまざまな角度から、環境や条件整備への取り組みをひろげる協同福祉会「あすなら苑」（奈良）の実践から。

1200円

人間力回復　地域包括ケア時代の「10 の基本ケア」と実践 100

大國康夫／著（社会福祉法人協同福祉会）

介護とは、人を「介」し、尊厳を「護る」こと。最期まで在宅（地域）で暮らし続けられる仕組みを構築すること。施設に来てもらったときだけ介護をしてればいいという時代はもう終わった！これからの「地域包括ケア」時代における介護のあり方、考え方に迫る。

2200円

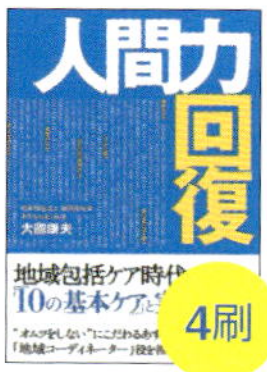

4刷

あなたの大切な人を寝たきりにさせないための　介護の基本
あすなら苑が挑戦する 10 の基本ケア

社会福祉法人協同福祉会／編

施設内に悪臭・異臭なし。オムツをしている人はゼロ！ 全員が家庭浴に。 開所まもない頃の介護事故を乗り越え、老人たちのニーズをその笑顔で確認してきた「あすなら苑（奈良）」。最後までその人らしく生活できる介護とは—。

1800円

9刷

http://www.creates-k.co.jp/

看護と福祉のはざまを紡ぐ
「人」と向き合う、細井恵美子の信念と実践

杉原百合子／編著

私たちが向き合うのは、病を抱えながらも生活し、人生を歩み続ける「人」である──70年以上の長きにわたり、人の尊厳とくらしを守り抜くために、看護や福祉の垣根を越えて「人」と向き合い続けてきた細井氏の信念とその実践を振り返る。 2200円

介護オンブズマンがまとめた これ１冊でわかる特別養護老人ホーム　改訂版

特定非営利活動法人介護保険市民オンブズマン機構大阪／編著

常に介護が必要な人を対象にした特別養護老人ホームは、全国で約1万施設、57万人が暮らす最大の介護施設。施設によって特色や違いはさまざま。「最期まで自分らしく暮らす」ために、事前に知識と情報を得る最適の入門書。 1500円

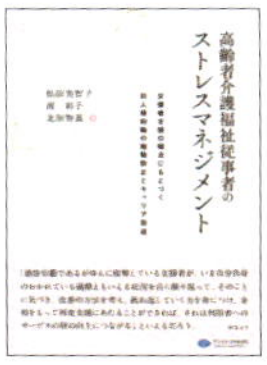

高齢者介護福祉従事者のストレスマネジメント
支援者支援の観点にもとづく対人援助職の離職防止とキャリア形成

松田美智子・南彩子・北垣智基／著

離職防止とキャリア形成の具体的方策──感情労働であるがゆえに疲弊している支援者が、自分自身のおかれている状況を振り返って、改善の方法を考え、跳ね返していく力を身につけ、余裕をもって支援ができれば、利用者へのサービスの質の向上につながる。 2000円

北東アジアにおける高齢者の生活課題と社会的孤立
日本・韓国・中国・香港の今を考える

小川栄二・新井康友・朴仁淑・三浦ふたば／編著　岑啟灝・徐思遠・徐玲・全容佑・中島裕彦・刘璐／執筆

民生委員、介護支援専門員、地域包括支援センター職員への事例調査から明らかになった、食事や衛生状態などの日常生活、健康状態、虐待といった高齢者の生活の悪化。日本を含む北東アジアにおいて高齢者の社会的孤立の実際に迫り、高齢者に対する政策課題を検証する。 2200円

健康長寿　鍵は“フレイル（虚弱）”予防
自分でできる３つのツボ

飯島勝矢／編著

みんなが笑顔になる“目からウロコ！”のフレイルチェック。フレイル研究の第一人者が贈る、新たな科学的知見（エビデンス）に基づく、フレイル予防の基礎知識から導入まで。 2000円

老いることの意味を問い直す　フレイルに立ち向かう

新田國夫／監修　飯島勝矢・戸原玄・矢澤正人／編著

65歳以上の高齢者を対象にした大規模調査研究「柏スタディー」の成果から導き出された、これまでの介護予防事業ではなしえなかった画期的な「フレイル予防プログラム」＝市民サポーターがすすめる市民参加型「フレイルチェック」。「食・栄養」「運動」「社会参加」を三位一体ですすめる「フレイル予防を国民運動」にと呼びかける。 2200円

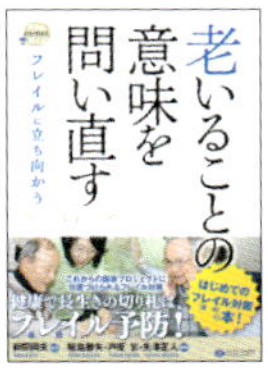

食べることの意味を問い直す　物語としての摂食・嚥下

新田國夫・戸原玄・矢澤正人／編著

医科・歯科・多職種連携で「生涯安心して、おいしく、食べられる地域づくり」「摂食・嚥下ネットワーク」のすぐれた事例紹介！ 医科・歯科の臨床・研究のリーダーが、医療の急速な進歩と「人が老いて生きることの意味」を「摂食・嚥下のあゆみとこれから」をテーマに縦横無尽に語る！ 2200円

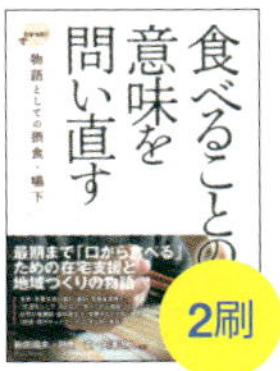